この道を正解にしていく。

Jリーグ、海外移籍、闘病、帰郷——プロ20年の軌跡

細貝 萌
HOSOGAI HAJIME

徳間書店

プロデビュー20年の節目に
まえがきにかえて

サッカーをパスポートにした「旅」から、多くを学んできました。

僕は群馬県前橋市で生まれ育ち、広瀬FC、前橋南FC、前橋ジュニアを経て、高校サッカーでは前橋育英へ進学しました。

指導者の方々に恵まれて、ナショナルトレセン、U－15、U－16、U－17、U－18日本代表など、常に世代別の代表に呼んでいただき、国内トップレベル、そして世界を肌で感じながら、サッカーと向き合うことができました。

将来を考え始めた高校2年の冬に、浦和レッズの海外キャンプに呼んでいただきました。プロの世界を間近で感じた、あの感動と衝撃は今も胸に刻まれています。オーストラリアキャンプに練習生として参加したときのことです。

当時の浦和レッズには、岡野雅行選手、山田暢久《のぶひさ》選手、三都主《サントス》アレサンドロ選手、永井雄一郎選手、坪井慶介選手、田中マルクス闘莉王《トゥーリオ》選手、田中達也選手、長谷部誠選手、鈴木啓太選手、山瀬功治選手などの日本代表クラスの素晴らしい選手たち、そしてエメルソン選手（ブラジル）、ネネ選手（同）らワールドクラスのプレーヤーたちが在籍。そのレベルの高さは、代表チーム以上だったかもしれません。スター選手たちから漂うオーラには、常に圧倒されていました。

そしてレッズでは、その後の僕のサッカー人生に大きな影響を与えてくれた先輩・鈴木啓太選手との出会いもありました。

浦和レッズを出発地にして、2011年からは戦いの舞台をドイツ・ブンデスリーガへ移しました。アウクスブルク、レバークーゼン、ヘルタベルリン、ブルサスポル（トルコ）、シュトゥットガルトのユニフォームに袖を通しました。

ドイツでは長谷部選手、香川真司選手、岡崎慎司選手、内田篤人選手、槙野智章選手、乾貴士《いぬい》選手、清武弘嗣《ひろし》選手、酒井宏樹選手、酒井高徳《ごうとく》選手、大迫《おおさこ》勇也選手、原口元気選手、宇佐美貴史選手、浅野拓磨《たくま》選手らと同じ時間を共有し、当時イタリアで活躍していたACミラン本田圭佑選手、インテルミラノ長友佑都《ゆうと》選手たち同期からも、大きな刺激を受けました。

2017年には柏レイソルからオファーをいただき、Jリーグ復帰。2019年には東南アジア・タイへ渡り、ブリーラムユナイテッド、バンコクユナイテッドで新たなサッカー文化の魅力を知りました。

こんなふうに履歴書のように並べてみれば、順風なサッカー人生だと思われるかもしれませんが、決してそうではありませんでした。

柏レイソルからタイへ渡る2018年末には、大きな転機がありました。当時、公表はしていなかったのですが、タイ移籍前に受けた検査ですい臓に腫瘍が見つかり、緊急切除手術を行いました。このときの心身のダメージはあまりにも大きく、一時はピッチに復帰することはできないのではないかと思っていました。

でも、サッカーが僕に勇気を与えてくれました。この体に負った大きな傷からどう立ち上がったのかは、ここから先で記させていただきます。

そして、2021年秋からは、出身地のクラブであるザスパ群馬でプレーしています。高校卒業後に、地元を離れてから17年。国内、欧州、東南アジアの9クラブで戦ってきた僕は、35歳という年齢で地元に凱旋《がいせん》してプレーする機会をいただけたのです。

プロになってから地元群馬県でプレーする機会はほとんどなかったのですが、スタジアムや街中で多くのファンに声をかけてもらえることは、大きな励みになっています。故郷の空気を懐かしく思うとともに、サッカーを始めた少年時代の気持ちを思い出しながらサッカーに向き合えることは、選手としてとても幸せなことだと改めて思うのです。

２０２４年シーズンは僕にとって、プロキャリア20年目のシーズンとなります。プロとしてスタートしてから一日一日を必死で戦ってきたので、20年という実感はなく、あっという間に過ぎてしまったようにしか思えません。

「細貝萌《ほそがいはじめ》」というプレーヤーのキャリアを、皆さんがどう評価してくださるのかはわかりません。２０１４年に日本代表の最終選考から外れて以降、僕はワールドカップ本戦には出場できませんでした。

怪我はもちろん、突然の病気などもあって、挫折の連続だったと思います。プレーヤーである以上、そうした惑《まど》いの日々は続いていくものですが、それでも僕にとってサッカーは、今も明日への活力を与えてくれる存在なのです。

この本には、僕のサッカーをめぐる冒険を記しました。国内外で経験してきたこと、そのときに得た思いなどをまとめています。次世代の子どもたちや海外でのプレーを夢みる若い選手たちのヒントになってくれるのであればうれしいです。

そして、前橋のサッカー少年に戻ってプレーを続けている「細貝萌」を、もっと知っていただければ——。

家族、ファンへの感謝を込めて——細貝 萌

目次

プロデビュー20年の節目に　まえがきにかえて　1

第1章

不死鳥
すい臓手術からの復活

突然の違和感、襲った不安　16
ドクターから「すい臓に腫瘍があります」　20
診断翌日にタイへの移籍発表　23
娘に書いたメッセージ　26
慶應義塾大学病院へ　29
〝ボロ雑巾〟になった術後の心と体　32
前例のないすい臓手術からの復帰　34
痛みと傷口を見ながらタイへ　36
移籍発表したＨＯＳＯＧＡＩはどこへ行った？　39
不安という霧の先にあった輝ける世界　40
生かされた自分は何を伝えるべきか　42

Interview 01
中村明花さん（タレント・モデル、妻）
一番近くで夫を応援する一番ゆるいファンなんです!! 46

Interview 02
細貝恵子さん（母）
私がおろおろしたら萌を不安がらせてしまう。「大丈夫！」と言い続けた。 48

第2章

浦和レッズ
プロ意識を覚醒させてくれた最強集団

高校2年生でレッズのオーストラリアキャンプへ 53
だから僕はレッズを選んだ 57
「レッドスター」赤星選手との出会い 59
天皇杯2年連続優勝 62
パスに人間味が出る人・小野伸二さん 66
サッカーと「社会」を教えてくれた鈴木啓太さん 71
漢気の人・田中マルクス闘莉王さん 75
レッズ全盛期、埼スタの熱気に鍛えられた 79
プロ第一歩がレッズでよかった 84
ドイツ移籍への逡巡と、母からの手紙 86

Interview 03
鈴木啓太氏（元浦和レッズMF、AuB株式会社代表取締役）
“弟”であり、ライバル。萌と出会えてよかった！ 90

Interview 04
赤星貴文氏（元浦和レッズMF、岳南Fモスペリオ代表取締役）
萌は負けず嫌いの「THE 男」。まだまだチャレンジ！ 92

第3章

ドイツ移籍
自分の選択を正解にする覚悟

海外への道を拓く 97
移籍契約直後のレンタル移籍 99
2011年の年明け早々にドイツへ出発 101
アジアカップでカタールへ 102
本田圭佑選手のPKに反応して飛び込む 105
ヨス・ルフカイ監督との出会い 109
自分の力の何を前面に出して存在感を示すか 111
34試合中32試合に出場できたアウクスブルク 113
香川真司選手へのマンマーク 115

ドイツ国民全員が知っていた「香川真司」の名前 119
ビッグクラブ・レバークーゼンへ 120
UEFAチャンピオンズリーグ出場との葛藤 122
ヘルタベルリンを選択する 124
ワールドカップへの思い 125
ザックローニ・ジャパンから洩れる 127
長谷部誠選手の背中を追いかけていた 129
長友佑都選手のギラギラした目の記憶 130
岡崎慎司選手は生粋の「サッカー小僧」 132
内田篤人選手は米をかついでうちに来た 134
Jリーグとブンデスリーガの違い 136
数値だけでは測れない海外経験の意味 138

Interview 05
香川真司氏（セレッソ大阪MF）
チームとしても個人としても、あのときの内容は〝完敗〟でした。 142

Interview 06
大野祐介氏（代理人＝アスリートプラス）
選手としてステップアップしても誠実さは変わらない。 144

第4章

時間と思考

「細貝萌」の血肉となった考え方

細貝流タイムマネジメント 149
「1分」あれば何ができるのか 152
「準備」こそが勝利への道 155
ピッチに入るのは左足から「今日も頼むね」と 158
おもちゃのお札を財布に入れておく理由 160
年俸も大事だがピッチに立つことのほうが大事 162
メンタルトレーニングで心を整える 165
涌井秀章投手は共にプロ20年目を迎えた 168
杉谷拳士はなぜか「顔が似ている」 171
EXILE NESMITHの「常にホームで闘う気概」 173
ナオトさん、SEAMOさんの楽曲に心境を重ねる 174
同郷back numberは「人生のプレイリスト」 175
起業家、デザイナー……トッププランナーたちからの刺激 178
感情の原因を紐解いていくと、すべては自分にある 180
僕と娘の「一番の約束」 183

Interview 07
相澤陽介氏（White Mountaineeringデザイナー）
温厚さと貪欲さ。両面を備えるから欧州で成功した。 188

Interview 08
樋口昌平氏（担当マネジャー＝アスリートプラス）
ふだんは紳士、ピッチでは荒くれ者の「ギャップ萌え」ですね。 190

第5章

少年時代

世界で一番サッカーが好きになる方法

野球の基礎体力のためにサッカーを始める 195
病状が悪化した兄の分まで…… 198
「一番サッカーが好きなのは僕だ」という確信 200
「あいつが細貝だ」名前が売れ始めたジュニア時代 202
U－15日本代表で初めて「日の丸」を着る 205
サッカー人生を変えた前橋育英でのコンバート 209
自分のストロングポイントはどこにあるか 214
山田監督に全国制覇を見せられなかった 216
誰よりもサッカーを好きでいてほしい 219

サッカーの上達より大事なのは人としてどう生きるか 221
フットサル場から新たなサッカーの胎動を 224

Interview 09
岡崎慎司さん（シント＝トロイデンＶＶ　ＦＷ）
ハジメのようないぶし銀プレーヤーはもっと評価されるべきだ。 230

Interview 10
槙野智章氏（元日本代表、解説者）
僕が奥さんを笑わせたのが、安産につながったみたいです（笑）。 232

第6章

ホームタウン
初めてサッカーが好きになった場所へ

日本復帰、柏レイソルへ 237
初めて「サッカーをやめたい」と思った日 239
すい臓の大手術から2カ月でタイへ 242
ブリーラムユナイテッドで課されたタスク 244
プライベートジェット、プール、充実した環境 246
ロックダウンでの家族との時間 247

地元凱旋、ザスパクサツ群馬へ 249
磐田、新潟戦を制しＪ２残留へ 254
全治６カ月の怪我で戦線を離脱 256
ベテラン選手がピッチ外でもできること 260
年齢を言い訳にすることはできない 262
「サッカーが好き」であり続けること 264

Interview 11
茂木洋晃氏（G-FREAK FACTORY）
己と闘い、勝ち続けている。彼の経験すべてが群馬の「財産」。 268

Interview 12
長友佑都氏（ＦＣ東京ＤＦ）
最後の最後までボールに喰らいつく。そんな姿勢こそ、萌の良さ！ 270

Interview 13
本田圭佑氏（ＮｏｗＤｏ株式会社代表取締役ほか）
サッカーと私生活で性格が変わる。あの優しい姿はどこに行った？って。 272

謝辞　前例のない出来事を伝えておきたい 274

第1章

不死鳥

すい臓手術からの復活

ドイツ・ブンデスリーガ時代にマッチアップした香川真司（元ドルトムント）は、細貝について「規格外の負けず嫌いで、永遠のファイター」と表現する。２００５年の浦和レッズ加入に始まる細貝のプロサッカー選手としての来歴は、その後、ドイツ（一時トルコを含む）での7シーズン、さらに柏レイソルで2シーズンプレー。柏との契約をもう1年残す中、タイ・プレミアリーグの強豪ブリーラムユナイテッドから熱烈なオファーが届いた。アジアチャンピオンズリーグに毎年のように出場するタイ強豪クラブだ。

再び、海外での旅が始まる——。シーズンの終わりが近づく２０１８年11月のとある午後、細貝は柏レイソルの練習場の芝生に一人、大の字に寝転がり、秋空をゆっくりと流れる雲を眺めていた。澄んだ空を見ていると、浦和レッズでの黎明期、ブンデスリーガでの戦いの日々が蘇《よみがえ》ってきた。

柏レイソルでの時間を終えて、また次なる戦いが始まる。新たなシーズンへ向けて、胸の高鳴りを覚え始めたその月の下旬、腹部の〝違和感〟に気付いた。何かがおかしい。それは足首や膝などのフィジカル的な痛みではなかった——。

突然の違和感、襲った不安

胃もたれがする。それが僕の体からのサインでした。最初に違和感があったのは、２０１８

年11月25日でした。

僕がプレーしていた柏レイソルはその前日、アウェイでセレッソ大阪と対戦していました。僕はメンバー外だったため、チームには帯同していませんでした。残留争いに加わっていた柏レイソルは3対0で快勝したのですが、ほかのクラブの結果によって、残念ながらJ2への降格が決まってしまいました。

その日、僕は柏レイソルのコーチングスタッフたちと食事に出掛けたのですが、その夜にこれまで感じたことのない妙な不快感を腹部に覚えました。何かおかしいと思って、振り返ってみると、その数日前から違和感がありました。

アスリートに怪我のリスクはつきものですが、自分自身、これまで大きな病気をしたことはありませんでした。お酒は飲みませんし、健康には自信を持っていました。ただ、シーズン終盤は毎年、心身ともに想像以上の疲労が溜まってしまうのは、プロとしてサッカーをプレーする以上しかたのないことでした。

柏レイソルでの2年目となった2018年シーズンは、2017年シーズンと比較してもなかなか試合に出られず、自分にとって決して良いシーズンとは言えませんでした。チームはシーズン中盤から低迷し、17位でJ2降格。この厳しい結果を、僕はベンチから外れてスタンドから見守るしかできなかったのです。

チームに貢献できなかったもどかしさもあり、精神的なストレスは例年以上だったと思います。きっと、そのことが胃に影響を与えているのかもしれない、と考えていました。


落ちつけばすぐに良くなるだろうと思い、そのまま数日を過ごしましたが、状況はなかなか改善されませんでした。ただ、食欲はあって食事はいつも通りにしっかりと摂れていたのですが、胃にはずっと重い感覚がありました。

そんな状況が続いていたので、練習後にチームドクターから毎日、胃薬をもらっていました。11月末には、妻・明花《さやか》と娘・花乃《かの》の家族三人で近くのコンビニに散歩がてらに出掛けて、胃をすっきりさせるためにグレープフルーツジュースを買ったのを覚えています。さっぱりとした柑橘《かんきつ》系のドリンクを飲めば楽になるかもしれないと思ったからです。


オフにゆっくりと休めば回復すると自分では思っていましたが、最終戦の12月1日を経てシーズンが終わっても、不快な状態は治まりませんでした。発熱はなかったし、吐き気もない。食欲も変わらずにあったのですが、ふと気づくと胃がもやもやするというか、しくしくするというか、なんとも言えない症状が継続的に出始めていたのです。

ただ、シーズン後も軽いトレーニングを続けることはできていたので、たいしたことはないと自分自身に勝手に言い聞かせていました。

体に異常が生じる一方で、タイ・プレミアリーグのブリーラムユナイテッドとの移籍交渉がうまく進んでいて、12月6日に公式発表される予定になりました。当時住んでいた千葉県柏市内のマンションを引き払って、引越しの準備もしなくてはならない。タイ、東南アジアを代表するクラブへの移籍ですから、移籍が確定したことの安堵《あんど》の半面、わずかですが不安もありました。

そんな様子を見ていた妻から、「タイに移籍する前に一度、病院でしっかりと診《み》てもらったほうがいいんじゃない?」と言われたことで、じゃあ、そうするかと軽い気持ちで検査を受けることにしたのです。

ヨーロッパでの生活はドイツをはじめ長く経験してきましたが、東南アジアで暮らすことは初めてです。慣れない異国の地で病院に掛かるとなれば、保険制度や言葉の問題もあって大変だし、トレーニングにも影響が出かねません。それに、移籍直後に健康問題で離脱してしまえば、始動早々にチームや監督からの信頼を失ってしまうかもしれない……。

僕は外国人枠の助っ人として移籍するので、一度信頼をなくしたら契約不履行などの問題にまで発展してしまう可能性があるのです。

だからこそ、タイへ渡航する前に健康上の不安を解消しておいたほうがいいと考えて、柏レイソルのチームドクターに連絡を入れました。

「胃がもたれるので、タイへ行く前に病院で念のため診てもらいたいんです」

それが大きな手術につながることになるとは、当時の僕自身、まったく考えてはいませんでした。

ドクターから「すい臓に腫瘍があります」

2018年シーズン最終戦は12月1日でした。タイ・プレミアリーグのブリーラムユナイテッドへの移籍は、シーズン終了から5日後の12月6日に日本とタイの両国で同時に発表されることが正式に決まりました。年内にはタイへ渡航してチームに合流することになっており、ブリーラムの関係者や代理人とともに例年よりもせわしない年末年始を過ごすことになっていたのです。

移籍発表を翌日に控えた12月5日、僕は柏レイソルのチームドクターから紹介を受けて、柏市郊外にある市立柏病院へ行きました。駐車場に車を停めて病院まで歩いていく間が、やけに肌寒く感じる日でした。師走《しわす》の病棟は多くの人でごった返していて、その様子を眺めながら受付へ向かいました。

受付後、採血などを済ませてレントゲン撮影をする流れでした。サッカーの世界では移籍のタイミングや、メディカルチェックで心臓や膝、腰などの検査を受けますが、消化器官の違和感での精密検査は初めての経験です。「大丈夫だ」と自分に言い聞かせていましたが、一抹の怖さもありました。

レントゲンの結果が出る前の診察で、ドクターから「尿管結石」の疑いがあると言われました。腎臓にできた結石が排出されるときに、痛みなどの症状を起こすことがあると説明を受けました。背中を叩かれたときに軽い痛みというか、ちょっとした振動があった旨をドクターに伝えると、その症状に似ているとのことでした。

それを聞いて、一瞬は嫌だなと思いましたが、「尿管結石」であれば痛みがあっても、一般論としてはそれほどの大事には至らないケースが多いとのことだったので、ホッとした部分もありました。

でも、実際にレントゲン写真のデータが届くと、ドクターの表情が険しくなったのがわかりました。

「尿管結石」の場合は、レントゲンにはっきりと石が写るらしいのですが、それが見当たらな

かったのです。ドクターはモニターをじっと眺めながら、

「尿管結石ではありませんね。胃はすごくきれいな状態なのですが、その奥のすい臓に何かの影が見えるんです」

と首をかしげるようにして話しました。そして、「このレントゲンを見てもらえますか。この部分に影があるんです」とモニターを指差しました。

「すい臓に影」という言葉によって、それまでの安堵感はすべて吹き飛びました。頭が真っ白になるという言葉の意味が初めてわかった気がしました。すい臓が自分の体のどこにあって、どういう役割を果たしているのかもわかりませんでしたが、直感的に「やばい」と思ったのです。

病院側は、僕が年明けにはタイへ行くことを把握してくれていたので、その日のうちに造影剤を使ったMRI（磁気共鳴画像）とCT（コンピュータ断層撮影）検査の準備をしてくれました。より詳しく調べてもらった結果、ドクターからこう告げられました。

「すい臓に、かなり大きな腫瘍がありますす」

診断翌日にタイへの移籍発表

「すい臓腫瘍」と告げられて気持ちが混乱する中で、まずは柏レイソルのチームドクターへ連絡しました。病院からは、超音波による精密検査のために「国立がん研究センター東病院」（千葉県柏市）と東京慈恵医大附属柏病院（同）を紹介してもらいました。その病院名を聞いただけで、さらにショックが広がりました。

胃もたれだと思っていたのに、いきなり「がんセンター」を紹介されたら誰でもダメージが大きいと思います。

当然ながら、頭の整理ができずに、まさにわけがわからない状態というのが本音でした。

不安だらけのまま病院を出て、車に乗ったあと、すぐに妻へ電話で報告をしました。僕自身、そのときの記憶は途切れ途切れなのですが、妻によれば「まだはっきりとはわからないんだけど、すい臓に影があるらしく、良くない状態だった」とテンション低く話したそうです。

ありがたかったのは、ここで妻が、

「まだはっきりとはわからないんでしょ？　心配しないで大丈夫だよ。気をつけて運転して、早く帰ってきてね」

と明るく声をかけてくれたことです。

あのとき、妻がいなかったら、自分の気持ちを支えられていたかどうかわかりません。

普通の精神状態ではなく、失意のどん底に落ち込んだ僕は、涙をこらえながらハンドルを握って自宅へ戻りました。すべてが上の空で、どの道を通って帰ったのかさえ覚えていません。

翌12月6日、柏レイソルとブリーラムユナイテッドの両クラブから移籍が発表されました。ありがたいことに、スポーツ新聞やネットニュースでも報じていただきました。

リリースする情報は事前に準備していたので、滞《とどこお》りなくコメントを発信することができましたが、自分の体のことを考えると、切ない気持ちでいっぱいでした。

僕はリリース通りにタイへ行けるのだろうか……と。


このとき、細貝の移籍が記されたリリースには、細貝のコメントとしてこう記されている。

〈ドイツから戻ってきて2シーズンという短い期間でしたが、小学生の頃から憧れていた選手がプレーしていた日立台（※柏レイソル本拠地）でプレーできたことは非常に光栄でした。30歳を超えたベテランとしてチームに加入しておきながら、なかなか試合に出場できず、直接的にチーム本来の自分らしいプレーを、ファン・サポーターの皆様に見せることができず、直接的にチームの力になることができない状況は自分自身非常にもどかしい思いでした。

このままレイソルの選手として仲間と一緒にプレーし続けたい気持ち、若い選手が多いレイソルで自分が経験してきたことを間近で伝えていきたい気持ち、様々な思いの中で悩み、葛藤《かっとう》もしましたが、サッカー選手として自分自身がもっと成長し続けたい、その気持ちで新しいチャレンジをすることに決めました。

いつも雰囲気の良い日立台、そして柏の街では多くのファン・サポーターの方々から声援を送っていただきました。皆様には感謝の気持ちでいっぱいです。応援していただき本当にありがとうございました〉（２０１８年12月6日：柏レイソルを通じてのコメントより）

すい臓に腫瘍があるという重大な状態がわかった翌日に「移籍発表」をした選手など、過去に例がないと思います。

「おめでとう！」「次はタイですね！」。リリースが出た瞬間から、次々と祝福のメッセージが届きました。

でも、通知音が鳴るたびに心が痛みました。移籍を喜んでくれるのはもちろんうれしかったのですが、自分自身がメッセージを読める心理状態ではなかったので、スマホの通知音を消し、既読にもできませんでした。そのときの僕には、どう返信したら良いのかわからなかったのです。

サッカーのピッチにおいては、日本、ドイツで多くの経験をさせてもらって、自分の中ではどんな困難があっても戦い抜ける自信がありました。でも、「すい臓腫瘍」という病気に対してはまったくの無力でした。

サッカーであれば努力や思考、トレーニングによって克服できることが多いと考えていますが、自分の力ではどうにもならないことがあるという現実を突きつけられたのです。

体を蝕《むしば》む病気に対して、いかに向き合うか——。

サッカー選手としてではなく、一人の人間として試練を与えられた気がしていました。

娘に書いたメッセージ

すい臓腫瘍が判明してから、精密検査までは1週間以上の期間がありました。クラブ関係者や代理人など多くの方々の配慮によって、最終的に慶應義塾大学病院（東京都新宿区）で精密検査を受けることになりましたが、その間は、僕にとって想像を絶する苦悩の時間でした。

「すい臓腫瘍」がどんな病気なのか。

そもそも、すい臓が体のどこにあって、どんな働きをするのかも詳しくはわかりませんでした。すい臓は、消化を助ける機能と血糖値の調整を行う機能があり、生活のうえで大事な役割を担っているそうです。

悶々とする中、インターネットで「すい臓腫瘍」を検索すると、不安を増長させられる情報で溢れていました。

僕の場合、想定される中での最悪の病気は「すい臓ガン」でした。腫瘍があると告げられてから、自分自身も「すい臓ガン」の可能性が高いと考えていました。

「すい臓ガン」は、一般的に早期発見が難しく、見つかったときには手術ができないくらいに進行しているケースもあるということ、手術をしても数年後の生存率は決して高くないことなどを知りました。

診断でかなり大きな腫瘍と伝えられていたので、ネットで調べるたびに、想像を絶する絶望が襲ってきました。

診察以降は、ほとんど寝られずに、家族が寝静まって一人になった夜には、心の中で一気に恐怖と不安が渦巻きました。それからは何も食べられず、飲むこともできず、再検査までの数日間で体重が5キロくらい一気に減りました。痩せこけた頬を鏡で見て、これは自分じゃないと思ったほどで、そんな姿になってしまったことを信じたくなかったのです。

心の支えは家族でした。妻は、落ち込む僕の姿を見ても常に明るく接してくれました。僕に気を遣《つか》い、サッカー関係の友人との食事会を設定してくれたり、娘と一緒に出かける機会をつくってくれたりして、少しでも気を紛らわせようとしてくれました。

その優しさが心に沁みて、余計に悲しくなりました。もちろん、娘は何も知らないので、ずっと自宅にいる僕に対して、絵本を持って来て読み聞かせをねだってきたり、おもちゃで遊んでと言ってきたり、すべてが愛らしく思えていました。

今だから話せることですが、当時の僕は「死」もある程度、覚悟していました。

僕がいなくなったら、残された妻、娘はどうなるのか。

娘はまだ2歳だったので、父親の記憶が消えてしまうのではないか。

自分の存在を覚えてくれているのだろうか。

今、娘に対して何をしてあげるべきなのか――。

娘の無邪気な笑顔を見るたびに、悲しみの底に突き落とされました。「細貝萌」が生きた証を娘に残したいと思って、夜中に一人で手紙を書いていたら、涙が止まりませんでした。

自分の心境を綴《つづ》っていると、少しだけ楽になった気がしましたが、もしこのときに万が一のことがあったら、その手紙は遺書になってしまったかもしれません。

第１章

不死鳥

すい臓手術からの復活

診断から数日後、母が地元群馬から柏のマンションに来てくれました。母は何も言わずに娘の遊び相手になってくれて、夕方までゆっくりと過ごしていきました。

帰り際、僕は母を見送るために、二人でマンションのエレベーターに乗り、地下駐車場へ降りていきました。エレベーターの中で、僕は何も伝えられませんでした。

母はどんなときでも僕のサッカー人生を支えてくれている、芯の強い人です。絶対に泣いてはいけないと思っていたのですが、駐車場階に到着してエレベーターの扉が開くと、自然と涙があふれてきて、もうどうにもならなかった。静寂の地下駐車場で母と二人、思い切り泣いたのを覚えています。

慶應義塾大学病院へ

12月13日の慶應義塾大学病院での超音波内視鏡ですい臓を調べた結果、低悪性すい腫瘍のSPN（Solid pseudopapillary neoplasm）と診断されました。SPNは若い女性が発症する例が多く、稀《まれ》に男性もかかり、男性の場合は悪性へと変化するケースが多いため、外科的切除が望ましいとのことでした。

その時点で、手術をすれば大丈夫だということを伝えられて、気持ちがかなり軽くなりました。ただ、最終的には切除してみないとわからないとのことだったので、不安も残りました。

腫瘍の大きさはすでに4センチ大になっていて、状況を踏まえると早めの手術が望ましいというのが主治医の判断でした。ただ、体自体のコンディションは悪くなかったので、ドクターや専属トレーナーと相談のうえ、フィジカルトレーニングはしていました。

手術後はどうしても筋力が落ちてしまうので、手術直前まで負荷をかけておくことで、体力減少のダメージを最小限に抑えられると思い、入院前日もギリギリまでトレーニングをして入院しました。

12月5日の最初の診察から22日後、12月27日に手術が決定しました。当初は、12月中旬にタイへ渡り、ブリーラムユナイテッドに合流予定でした。柏レイソルとの契約は翌シーズンまで残っていたので残りの期間の契約を解除し、新たにブリーラムユナイテッドとの契約を締結し、タイへ渡航する予定だったのです。

2018年シーズンが終わり、ブリーラムユナイテッドとの契約が始まる直前に病気が判明しました。ブリーラムユナイテッドから契約破棄を告げられるかもしれないし、契約上でも非常にナーバスな状況でした。当然、手術を控えた状態ではタイに向かうことはできないので、英語の診断書をブリーラムサイドへ用意して代理人が届けてくれました。

第1章

不死鳥

すい臓手術からの復活

慌ただしい中で、手術2日前となる12月25日に入院しました。2日間は食事調整のほか、手術前の検査などをしてもらいました。25、26日は病院のベッドでゆっくりできる時間が多く、いろいろなことを考えました。

浦和レッズに加入してから、僕は無我夢中で走り抜けてきました。2010年に初めて日本代表に選ばれたことでドイツへの道が拓《ひら》けて、未知なる世界に飛び込んでいきました。すべてが刺激的な時間でしたが、知らないうちに自分の体に無理が生じていたのかもしれません。もちろん、それが腫瘍を引き起こした原因だと言いたいわけではないのですけれど。

自分自身のタイムラインを振り返りながら、「細貝萌」というサッカー選手を客観的に見つめる時間になりました。

手術当日の27日は、快晴だったことを覚えています。窓から注ぎ込む日差しが僕に勇気を与えてくれました。正午すぎに看護師さんと一緒にオペ室へ向かいました。手術の見送りに来てくれていた家族に笑顔でピースサインができていたので、気持ち的には落ち着いていたと思います。

手術は約6時間におよび、すい臓の一部と脾臓《ひぞう》を切除したと聞きました。術後に目覚めたときには、ベッドシーツに嘔吐した跡があったのを覚えています。意識がもうろうとしていた中で、嘔吐が止まらなくて、お腹の中をしゃもじでずっとえぐられているような異常な不快感に襲われました。

“ボロ雑巾”になった術後の心と体

HCU（高度治療室）に2日間入っていたのですが、痛みと吐き気がきつくて、まったく動けない状態でした。僕はまだ若いですし、体力には自信があったので、少しくらいの痛みには耐えられると考えていましたが、オペが終わった瞬間から本当に苦しかった。

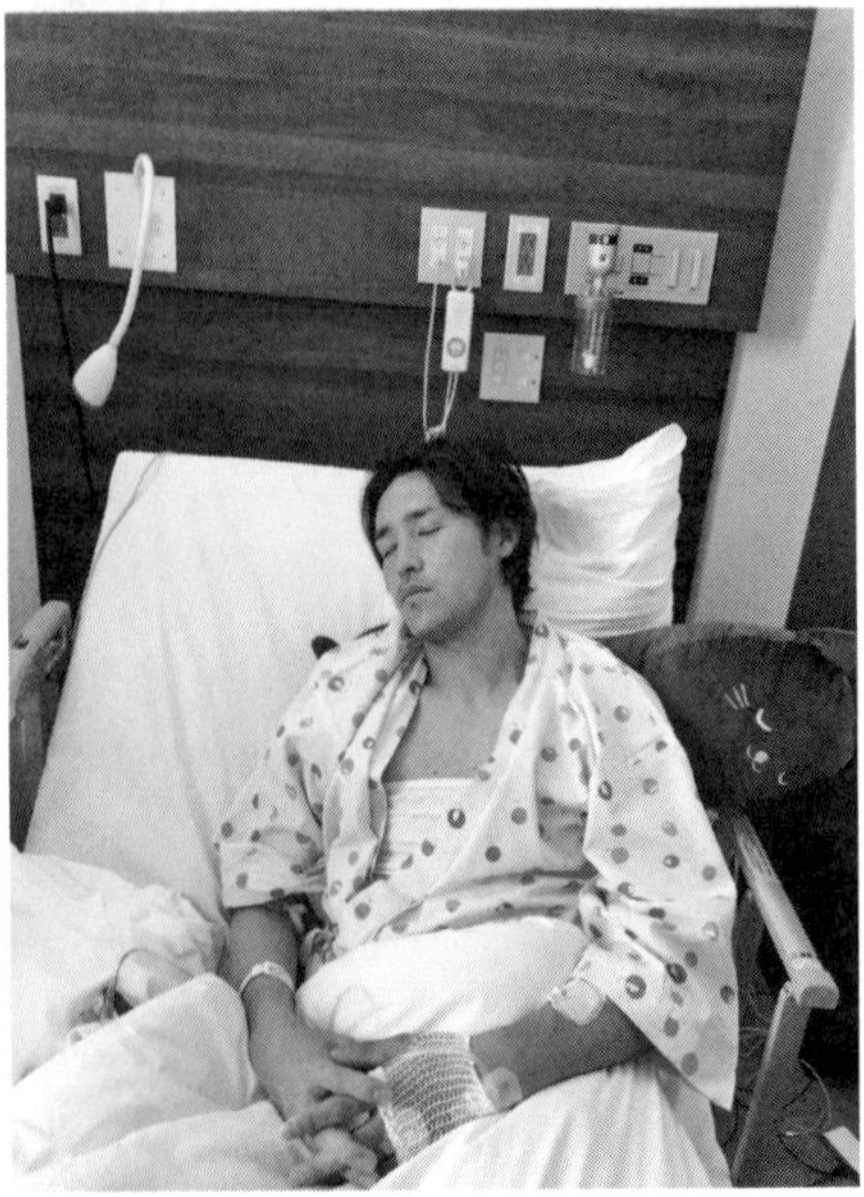
オペ後、強い吐き気は2日間続いた。

特につらかったのは、痛み止めなどの薬との相性が悪くて、吐き気が生じていたこと。手術直接の切り傷の痛みに加えて、体の奥からは内臓にきりきりとした激痛が走りました。体の向きが変えられずにずっと横向きになったまま、痛みと吐き気に耐えていました。

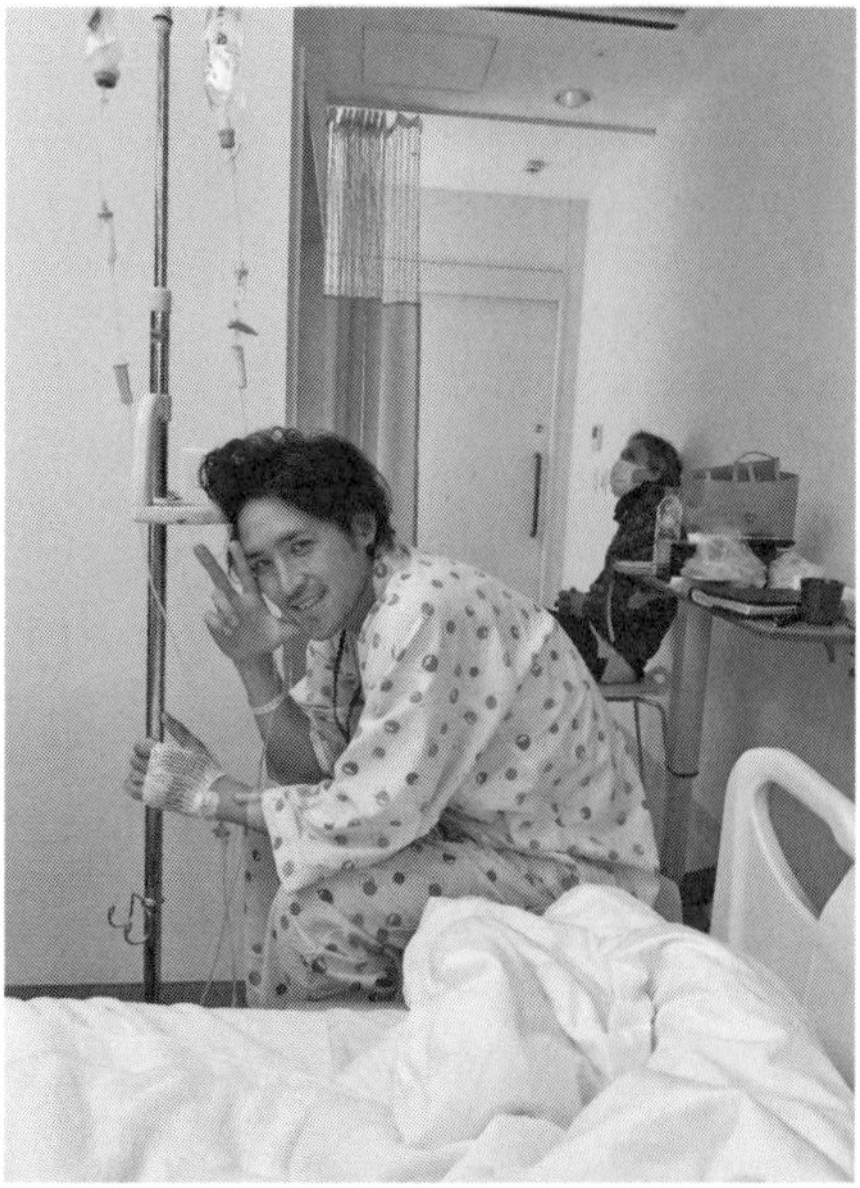

痛みはあるが、本能的に動きたくなった。

時間が長く感じられて、看護師さんに「今、何時ですか？」と尋ねて、少し経ったと思ったので、また尋ねたら「さっきからまだ20分しか経っていませんよ」と言われて絶望を感じました。心身ともにボロボロの状態で、夜がこんなに長いのかと感じました。

何も食べていないので胃は空っぽなのですが、吐くものがないのに吐き気が襲ってきて、ナースコールのボタンが手放せなかったのです。動くことができないので横向きの口の下にトレーを持ってきてもらい、胃液を吐くような状態だったのですが、体力を奪われて気力も完全に底をつきました。〝ボロ雑巾〟のような状態とは、こういうものかと思いました。何もかもが嫌になったのを覚えています。

翌日、面会に来てくれた妻に、僕は「こんなんじゃ、もうサッカーはできない。絶対に復帰できないし、サッカーは辞めたい」と涙目で訴えていたようです。つい先月までは元気だったはずなのに、こんな体になってしまった自分が悲しかったのかもしれません。
サッカーのことはまったく考えられなかったし、考えたくもなかった。プロサッカー選手としての「細貝萌」は、もう完全に終わったと思いました。

吐き気は、手術から2日後に収まりました。早めにリハビリで歩き始めたほうがいいと言われて、吐き気がある程度収まったときからベッドを降り、看護師さん2人の肩を借りて歩きました。

手術によって体力がすべて奪われていて、立ち上がるだけで目眩《めまい》がしました。体には点滴の管やドレーン（体内の水分、血液などを排出する管）がついていましたが、看護師さんのサポートで一歩一歩、廊下を歩きました。痛みはまだありましたが、本能的に動きたくなったのです。

僕は静まり返る病室で年を越しました。そして1月4日に退院することになりました。

前例のないすい臓手術からの復帰

術後は「サッカーなんて、もう絶対にできない」と弱気になっていましたが、痛みがなくなるにつれて、サッカーへの思いがふつふつと湧き上がってきました。自分にはやっぱりサッカーしかないんだと――。

主治医のドクターも専属トレーナーも、すい臓手術から復帰するアスリートをサポートするのは初めてだったようです。

膝の手術からの復帰などは多くの前例があり、復帰のためのプログラムも確立されていますが、すい臓手術からの復帰には手引きがありません。今後、同じような病気を経験するアスリートがいれば、僕の体験が役立つかもしれない。前例がないのであれば、自分が復帰の第一号になればいい。ここから先は自分の体と相談しながら、復帰へのプロセスを歩むだけだと肚を決めました。


今振り返ってみても、腫瘍が見つかったのは偶然でした。胃もたれの延長みたいな症状だったので、ドクターからは普通だったら気づかないかもしれないと言われました。自分がアスリートで体の異変に敏感だったこと、再び海外へ出るために不安を払拭したいと思っていたことが、早期発見につながりました。

もし胃薬で症状が軽くなってしまっていれば、そのまま診察を受けずにタイへ渡って、普通に年明けから試合に出ていたと思います。もし違和感があっても、タイの食事や環境が合わないのかも、などと思う程度で我慢していたはずです。

実際に、オペ前には胃もたれ以外の症状はまったくなかったので、あのまま腫瘍が大きくなってしまっていたら……と思うとゾッとします。

病院関係者の話によれば、4センチくらいの大きさで見つけられたのは不幸中の幸いだったそうです。腫瘍が大きくなってしまえば、悪性に変わる可能性もあったということでした。当時、柏レイソルのチームドクターだった山口徹先生、そして市立柏病院、慶應義塾大学病院の関係者の皆様には感謝の言葉もありません。

痛みと傷口を見ながらタイへ

退院後1週間は、状態こそ落ち着いてきましたが、まだ食欲は戻らず、体重は7・5キロも落ちたままでした。12月上旬にすい腫瘍が判明してからは、サッカーはできなくなってもいいから、家族とずっと一緒に生活していきたいとしか考えられませんでした。

プロサッカー選手である以上、生活のことはもちろん不安でしたけれど、サッカーよりも家族が大切だということに気づかされたのです。

手術後の細胞検査の結果、腫瘍自体は悪性ではない可能性が高いことがわかり、筋力や心肺機能などのコンディションが戻れば、もう一度サッカーができると主治医から言っていただけました。サッカーができるということよりも、自分の体に悪影響を与えていたモノが体から取り除かれたこと、そして腫瘍が悪性ではなかったことによって、気持ちが晴れました。

そこからは復帰に向けたリハビリに入っていくのですが、あまり激しく腹筋などの体幹トレーニングなどを進めてしまうと、傷口付近の筋肉にダメージが加わって、最悪の場合にはヘルニアになるケースがあるとも聞きました。

ドクターたちからは、

「普通の生活には問題はないけれど、傷口に影響が出るような激しい動きはやめて、2カ月くらいは安静にしていてください」

と言われていました。過去に、自分のようなアスリートがすい臓手術をした例はほとんどないとのことで、復帰リハビリも慎重にならざるを得なかったのです。

体に負担の少ないデスクワークなどであれば、退院後すぐに仕事復帰ができたと思いますが、僕の職業は90分間走り続け、闘い続けるサッカー選手です。特に僕の場合、試合を終えると体重が落ちるほうなので、その負担を考えれば、簡単に「復帰できる」とは言えない状態でした。

幸いにもブリーラムユナイテッドが契約を解除せずに、僕の復帰を待ってくれていたので、自分の中では、休息を取りつつも一日でも早く戻らなければいけないという葛藤がありました。

クラブ側とすれば、1月にACL（アジアチャンピオンズリーグ）のグループ予選が始まる中で、助っ人として獲得したはずの選手が合流できなければ、ほかの外国人選手を獲得しても何らおかしくありません。

その場合は外国人選手枠が埋まってしまうので、僕の立場はなくなってしまいます。そうした中で、復帰を待ってくれたブリーラムユナイテッドにも感謝をしています。クラブ側からの期待に応えるためにも、一日も早く復帰しなければなりませんでした。

その後、僕は以前からお世話になっている都内のトレーナーのサポートを受け、1月17日からリハビリを開始しました。

腹部に6カ所の傷口があったのですが、まずは傷口周辺のケアや伸縮から始まりました。激しく動いてしまうと、傷口にしこりが残ってしまうケースもあるらしく、傷口周辺をゆっくりと押して感触を確かめていきました。

腕や足腰付近のトレーニングでも、体の軸である腹筋にはどうしても力が入ってしまうので、軽いストレッチからリハビリに入っていきました。リハビリを進めていくと、傷口周りに痛みを感じることがありました。

ただ、それは回復のうえでプラスの痛みなのか、マイナスの痛みなのかが判断できません。

少しでも痛みが出たらトレーニングを一度止めて、トレーナーと確認し合う作業が続いていきました。

移籍発表したHOSOGAIはどこへ行った？

その一方で、「細貝萌」というサッカー選手は〝行方不明状態〟でした。

ブリーラムユナイテッドのファンから見れば、年末年始の補強として、かつてドイツでプレーした元日本代表選手が12月６日に加入発表したのに、年が明けてもチームに合流していない。「ＨＯＳＯＧＡＩはどうした？」となってもおかしくありません。

柏レイソルなど国内のファンの皆さんからしても、「細貝はタイへ行くってリリースが出たけど、どうしているのか？」という状況だったと思います。

移籍先が国内であれば、クラブと直接コミュニケーションが取れて理解を図れると思いますが、異国であるタイのクラブで、監督やコーチとも会っていないうえに、ブリーラムという街にも行ったことがなかったので、焦りや不安もありました。

ただ、ブリーラムユナイテッドが僕の復帰を待っていてくれて、戦力として考えてくれていたことが、リハビリへの大きな励みになりました。

さらにありがたかったのは、クラブ側がリハビリを含めてタイでサポートしてくれると申し出てくれたことです。それによって僕は、1月中旬から国内でランニングなどの本格的なトレーニングを開始することができました。

1月29日の日本での診療後、そのまま成田空港へ向かい、1月30日にタイ・バンコクのスワンナプーム国際空港に到着。ブリーラムユナイテッドがバンコクでカップ戦決勝だったので、そこでチームに初めて合流しました。

不安という霧の先にあった輝ける世界

手術から約1カ月。この期間が早かったのか、遅かったのかはわかりません。手術からわずか1カ月後にタイに渡ることには、もちろん不安がありました。実際、まだ腫瘍が最終的に良性と判断されたわけではなかったし（2月中旬の診察で良性と伝えられた）、激しい運動をしたら、すい臓にダメージがあるかもしれない。

でも、ドイツやトルコ移籍のときもそうですが、これまでの僕のサッカー人生は、不安という霧の中を進んでいった先に、自分が輝ける世界があったことも事実です。

手術から復帰してわずか1カ月後にタイに渡り、異国の地でサッカーと向き合うことになりました。タイでの生活は、いろいろなことを感じました。新しいクラブでピッチに立ってみて、コンディション面での難しさは当然ありましたが、サッカーがすごく楽しかった。手術という大きな壁を乗り越えられたことが大きかったのです。

最初、ランニングは10分くらいで息が上がってしまったし、傷口に痛みが出ないかどうかを確認しながらのスローペースでしたが、それでも充実感がありました。

本来であれば、シーズンイン前に、選手個別のミニキャンプなどでまずは基礎体力などのコンディションを整えて、それを経てチームキャンプで負荷をかけながら戦術を理解していく流れになります。

しかし、ブリーラムユナイテッドでの場合は、手術後で自分の体力がゼロというかマイナスからのスタートで、そこから1カ月で試合のコンディションを一気につくっていかなければなりません。しかも住み慣れない土地で、体をケアしながらコンディションを戻していく作業は、簡単ではありませんでした。

さらに大変だったのは、トレーナーとのコミュニケーションが英語だったことです。ドイツでは英語でコミュニケーションを取ることが多かったので、サッカーにおいては特別な不安がなかったのですが、自分の体や痛みなどを説明するには医療分野の言葉が必要になるので、なかなか説明が難しかった。

日本であれば「傷口がじわじわ痛む」「内臓に近い場所のしくしくした痛み」とか、感覚的な表現で十分伝えることができますが、母国語ではない英語でそれを説明するのは簡単ではありませんでした。自分の体としっかりと向き合って、それを英語で丹念に説明する日々でした。大変な時間ではありましたが、自分にとっては貴重な時間で、力が再びふつふつと湧き上がってくる感覚もあったのです。

自分らしさが出せているという意味では、ドイツに初めて渡ったときと、とても似ている感じがしました。すい腫瘍の判明から手術までは、本当に壮絶な時間だったけれど、これらの経験がすべて、「細貝萌」というプロサッカー選手として、そして一人の人間としても、ひと回り成長させてくれたと強く信じています。

生かされた自分は何を伝えるべきか

リハビリは順調に進んで、フィジカル面の不安は徐々に払拭されていきました。それでも、本当に大丈夫なのかと自問自答する日々は続きました。

2月には一度、診察のためだけに日本に戻ってドクターに診てもらい、ＣＴなどのレントゲンはもちろんのこと、血液検査などを受けました。そして手術から約2カ月半後の3月上旬にタイ・プレミアリーグの公式戦に出場し、試合復帰を果たすことができました。

ピッチに立ったときは、すい臓腫瘍の判明から手術、入院生活、リハビリのシーンが走馬灯のように蘇りました。後半からの途中出場だったので限られた時間だったのですが、僕にとっては、すべてが報《むく》われた幸せな時間でした。


復帰を果たしてからはコンディションが一気に上がって、先発でも試合に出られるようになりました。タイのサッカーが自分のスタイルに合っている部分も多く、勝利したゲームでマン・オブ・ザ・マッチに選んでもらうことも多く、再びサッカー選手としての本来の喜びを感じることができました。


この手術を通じて感じたことが、生と死は表裏一体ということです。

すい腫瘍の診断が出たときは、目の前が真っ青になって「死」の恐怖を味わいましたが、再びピッチに立てたことで「生きる」ことの尊さを知りました。

入院中の病院では、僕のことを知っている人から激励のエールももらいましたし、看護師や理学療法士の方々にもとてもお世話になりました。僕は、多くの方々の支援によって病気から復帰することができました。

でも、今もなお病気と闘っている人がいますし、もっとつらい状態の人もいる。快復してすべてが終わりになるのではなく、このような経験をしたからこそ、僕にできることがあるのではないかと考えています。幸いにも復帰ができた今、サッカーというスポーツを通じて、また「細貝萌」という一人の人間として、困難に立ち向かっている人に勇気や元気を届けることが、これからの自分の使命であるとあらためて感じています。

ブリーラムユナイテッドの本拠地である地方都市ブリーラムは、タイの首都バンコクから北東へ約４００キロ、車で約５時間の場所に位置する。タイの名士であるネーウィン・チッドチョープ氏がオーナーを務めるクラブで、広大な敷地内にはサッカースタジアムのほかサーキット場、ホテルなどが併設されている。

細貝は、すい臓腫瘍の手術から約１カ月後にタイへ渡り、その数カ月後には見事、カムバックを果たした。途中交代でピッチに入るときは、思わず涙腺が緩んだ。その後の公式戦直前、うつむきながら両手を合わせる姿は、この病気を思い出している時間だという。試合後、細貝は当時の自身のホームページに、こう記している。

〈ここブリーラムに来て初めて試合に出ました。自分にとって間違いなく一番困難な時期だったけど、身近でサポートしてくれる家族、友人、スタッフ、そして応援してくれるすべて

の皆様のおかげで乗り越えることが出来ました。この復帰戦はタイでのデビュー戦ともなりました。まだまだ課題は多いですが、ここから一歩ずつ前進していきます！〉

ピッチを翔ぶ不死鳥《フェニックス》は、タイの地で静かに復活を遂げた。

中村明花さん

タレント・モデル、妻

一番近くで夫を応援する一番ゆるいファンなんです!!

夫・細貝萌は一言で表現すれば「いい人」です。結婚して13年が経過していますが、その気持ちは今もまったく変わりません。ほとんど喧嘩もしたことがないと思います。私が怒ることはあるのですが（笑）、すべてを受け止めてくれるので喧嘩にならないんです。

今でも思い出すのは、2018年の終わりに夫が病院で「すい腫瘍」を告げられたときのことです。あのときの夫は、家でずっと塞ぎ込んでいました。考えていても結果は変わらないので、娘の花乃と家族三人で一緒に出掛けたり、友人の家へ遊びに行ったり、私はつとめて明るく振る舞っていました。

ただ、どんなに明るく声をかけても、夫はネガティブになってしまい、ため息をつくばかりでした。夫の心境はもちろん理解していたのですが、何を言っても肩を落として涙ぐんでしまう彼に対して、私は「じゃあ、どうすればいいの！」って言ってしまい、私も泣いてしまいました。幸いにも夫の腫瘍は良性で、またピッチに戻ることができましたが、復帰できたこと自体よりも夫の笑顔を見られるようになったことが一番の幸せでした。

夫とは21歳のときに知人を通じて出会いました。髪型は茶髪のロン毛で見た目が派手だったので、性格も派手な人なのかなと思いましたが、真逆なタイプで誠実なインドア派でした。

2011年3月に結婚したのですが、当時、私は『王様のブランチ』（TBS系）という番組でリポーターを務めさせもらっていて、年度末に仕事を少し整理して、タレント業を続けながらも、夫のサポートをするつもりで準備をしていました。でも、2010年末に突然、「ドイツに行きたい」って言われて、「えっ！　結婚はどうなっちゃうの？」という感じでした（笑）。海外移籍は夢の話だと思っていたのですが、その夢が現実になって、1月にはドイツへ一人で行ってしまいました。私は夫不在の中で、双方の両親と一緒に「婚姻届け」を提出しに行ったのを覚えています。

番組を卒業してから私もドイツに行ったのですが、私はサッカーに詳しくないので、夫の仕事に口出しすることはありません。私は私でドイツでカフェめぐりをしたり、現地の日本語教室のボランティアに行ったり、自分の楽しみを見つけて過ごしていました。サッカー選手は良いときばかりではないと思いますが、どんなときも普通に接することを心がけていました。夫はタイプ的に点数（ゴール）を取る選手ではないと思うので、正直、サッカーが上手いかどうかもわかりません（笑）。スタジアムには行くのですが、ルールも詳しくないですし、観ているのは夫のことだけ。「細貝萌」というサッカー選手がプレーする姿を見るのが趣味で、一番近くで夫を応援する一番ゆるいファンなんです。

結婚してから、ドイツを中心に国内外の多くの街へ連れて行ってもらいましたが、いろいろな世界を楽しませてもらいました。2016年に花乃が生まれて、2018年からの2年間は、タイで親子水入らずの時間を過ごすことができました。2021年からは夫の出身地である群馬県へ戻ってきましたが、いろいろな場所で声を掛けていただき、あらためて夫が地元から愛されていることを知りました。

2023年の春に小学生になった花乃は今、夫の職業が「サッカー選手」だということをはっきりと理解しています。スタジアムでパパの姿を見たり、街中でクラブのポスターの中心にいるパパの姿を誇らしげに眺めたりしています。サッカー選手ではなくなるときはいつかやってくると思いますが、花乃にとって夫は「ヒーロー」。サッカー選手を卒業しても、ずっと「ヒーロー」でいてほしいと願っています。

細貝恵子さん

⚽母

私がおろおろしたら萌を不安がらせてしまう。「大丈夫！」と言い続けた。

小さいころから、負けず嫌いな性格でしたね。3学年上には、双子のお兄ちゃん二人がいまして、萌はいつもお兄ちゃんたちにくっついて遊んでいました。

お兄ちゃんが先にサッカーを始めたのですが、二人とも小児ぜんそくがあり、練習のたびに私か主人が付き添っていたので、萌も一緒にグラウンドへ連れて行っていたのです。

主人は子どもたちに野球をやらせたくて、野球をするための体力づくりの一環としてサッカーチームに入れたのですが、子どもたちは野球よりサッカーに夢中になってしまいましたね。

私はサッカーのことはわからないのですが、萌はお兄ちゃんたちに負けたくないという気持ちを前面に出して、ガムシャラにプレーしている印象でした。

そんな子が、中学校時代から日本代表に選ばれて浦和レッズに入れてもらって、さらにドイツまで行くとは考えてもみませんでした。

私はそれまで旅行が苦手だったのですが、萌がプロサッカー選手になってくれたおかげで、日本全国のスタジアム、そしてドイツのスタジアムにも行くことができました。今考えても不思議な気持ちです。

2018年12月に柏レイソルからタイに移籍するとき、すい臓に腫瘍が見つかったという連絡を受けました。

「すい臓」という言葉を聞いたときには当然驚きましたが、私がおろおろしたら萌を不安がらせてしまうと思ったので、「大丈夫！　大丈夫！」と言い続けましたし、母として、本当にそう信じていました。

電話で報告を受けるよりも顔を見るのが一番だと思い、すぐに萌のもとに駆けつけたのも覚えています。萌が泣いている姿を見て、一緒に泣いたらいけないと思い、笑顔だけは忘れないようにしたつもりです。でも帰り際には涙があふれてしまいました。

そのころ、萌と奥さんの明花さんが新しい家を建てるという話が進んでいました。腫瘍が見つかったことで家の計画をどうするかという話もあったのですが、私が「絶対に大丈夫だから」と背中を押しました。そう言うことで萌が頑張る気持ちになれば、という想いでした。

明花さんも私を不安にさせないように配慮してくれて、本当にありがたかったです。ただ、あのタイミングで腫瘍が見つからなかったら、今はどうなっていたかわかりません。

チームや医療関係者の皆さんなど多くの方々のおかげで、今もサッカーを続けられていると思います。萌には感謝の気持ちを忘れてほしくないです。

萌は18歳で浦和レッズに入って、２０２４年で20年目のシーズンを迎えます。周囲の皆さんから「(萌は)しっかりしている」と言ってもらえますが、母から見れば、本当に不器用で、愚直すぎる息子です。ああ見えて頑固で、自分の考えを貫く性格。もっと世渡りがうまかったら、違う視野が広がっていたかもしれません。でも、それが萌なのだと思います。

すべてが順調ではなく何度も泣いて、悔しい思いもしてきたと思いますが、20年もプレーできている我が子を誇りに思います。これからも一番近くで応援していきたいと考えています。

第2章

浦和レッズ

プロ意識を覚醒させてくれた最強集団

浦和レッズは2005年1月28日、クラブハウスで新加入会見を行った。そこには、初々しい表情の中に確固たる自信をみなぎらせる細貝萌の姿があった。その年に浦和レッズに加入したルーキーは、中村祐也（レッズユース）、大山俊輔（レッズユース）、近藤徹志（東福岡高）、細貝萌（前橋育英高）、赤星貴文（藤枝東高）、サントス（関東第一高）の6人。細貝以外の5選手も高校、ユース世代で際立った力を示してきたツワモノたちだった。

細貝は加入前年からレッズの海外キャンプに参加していたこともあり、レッズ加入は既定路線と見えるかもしれないが、J名門クラブが次々と細貝獲得に手を挙げていた。世代屈指のスキルと世界大会での経験値を誇るU－18日本代表MFだけに、争奪戦は熾烈《しれつ》だった。インターハイ、高校サッカー県予選やプリンスリーグの試合には多くのJスカウトが駆けつけ、熱視線を送った。

他クラブの練習にも参加したというが、細貝の気持ちは「浦和レッズ」に決まっていた。当時のチームは代表クラスが集結しており、周囲から「レッズで試合に出られる可能性は低く、レギュラーのハードルは高い。選手層の薄いチームで経験を積んだほうが良いのでは？」とアドバイスを受けることもあったという。しかし、細貝は〝鉄の意志〟を貫いた。自身の未来を決める指針は試合に出られるかどうかでなく、自分が一番成長できる環境。世代別の代表チームで国際経験を積んでいた少年は、海外の選手との競《せ》り合いの中で、〝環境〟の重要性を理解していた。

細貝は「試合出場を優先していれば当然、ほかの選択肢のほうが良かったと思います。高校2年の冬にオーストラリアキャンプに参加させてもらって、レベルとオーラに圧倒させられました。正解はないと思うけれど、自分の場合は、こういう環境が必要だと考えた、自分の選択は、間違いではなかったと確信しています」と明かす。

細貝の加入当時のレッズ指揮官は、元ドイツ代表CBのギド・ブッフバルト監督。その夏にはブンデスリーガ1部のレバークーゼンからMFポンテが加入。チームはさらなる上昇気流を描き、このシーズンの天皇杯で浦和レッズとして初優勝（Jリーグ発足後）を飾る。清水エスパルスとの決勝戦で細貝はCBとして先発出場し、ルーキーイヤーに栄冠をつかみ取った。

細貝は、レッズでJリーグ初優勝、ACL（アジアチャンピオンズリーグ）初制覇などを経験し、2008年にはU－23日本代表として北京五輪に出場。2010年には日本代表（A代表）に初選出された。細貝は浦和レッズという環境を自ら選び、環境によって自らを変えた。その結果が、海外への道へとつながっていった。

高校2年生でレッズのオーストラリアキャンプへ

本当の意味で、プロの世界を知ったのは17歳でした。高校2年生の冬、レッズのオーストラリアアデレードキャンプに参加したときのことは、大きな衝撃でした。

当時の僕は、前橋育英高校でプレーしていたのですが、僕は2年生ながらも高校サッカー選抜に選出してもらっていました。以前にも、レッズからの練習参加の話をもらっていましたが、学校スケジュールなどの調整もあり、春のアデレードキャンプのタイミングでようやく練習参加が実現することになったのです。


2月の上旬に高校選抜のキャンプが国内であって、そちらのキャンプ終了後にレッズのスカウトの方と一緒に、初のビジネスクラスで直接現地へ飛行機移動しました。

僕にとっては初めての南半球。すでにレッズはキャンプをスタートさせていて、途中から練習生として合流する形になりました。何も知らない高校生が、いきなりレッズのオーストラリアキャンプに参加することになったのです。

周りを見れば、そこには普段、テレビで観ている日本代表クラスの選手たちがズラリと揃っていました。岡野雅行選手、山田暢久選手、三都主アレサンドロ選手、永井雄一郎選手、坪井慶介選手、田中マルクス闘莉王選手、田中達也選手、長谷部誠選手、鈴木啓太選手、山瀬功治選手、エメルソン選手、ネオ選手らスタープレーヤーが在籍していて、レッズの歴史を振り返っても、突出した個性派揃いのチームだったと思います。

第2章

浦和レッズ

プロ意識を覚醒させてくれた最強集団

オーストラリアの空港に到着したのが日本を発《た》った翌朝で、そこから宿舎となっているホテルへ向かい、チームに合流したのはホテルでの昼食時でした。

僕は学校の制服のまま、昼食会場に顔を出しました。テーブルについているブッフバルト監督の存在感、日本代表クラスの選手たちのオーラにまずは驚かされました。そして、先輩たちの前で自己紹介をしました。

「前橋育英高2年の細貝萌です。ポジションはMFです。今日からキャンプに参加させてもらいます。この機会を大切にして、皆さんのプレーから多くを勉強して帰りたいと思います」

緊張で声が震えているのが自分でもわかりました。現実とテレビで観ていた向こう側の世界が交錯している感じだったからだと思います。

会場を盛り上げるおもしろいことが言えるはずもなく、冷や汗をかきながら簡単な自己紹介を終えて席に戻ろうとしたとき、目の前のテーブルから声が届きました。

初対面の闘莉王さんが、

「おい、お前はここに勉強しに来たのか？　サッカーで成功するために来たんじゃないのか？」

と、威勢の良い声を上げてくれました。もちろん、冗談の延長のような感じで僕の緊張をほぐして、その場を盛り上げるためだったと思うのですが、そのときの僕は、闘莉王さんからのその言葉によって、まるで心臓が撃ち抜かれたような感覚になっていました。

高校サッカーの世界でプレーしてきて、世代別代表に選ばれるなど一定の結果を残してきた自負もありましたが、やはりそれはアマチュアの世界です。

当時、闘莉王さんが23歳で、岡野さんが31歳だったと思いますが、年上の選手たちと同じピッチでプレーするのがプロの世界。当然、結果が出なければ生き残っていけません。

高校サッカーの延長のように思われかねない「勉強して帰りたいと思います」と話したのですが、プロの世界は「勉強」ではなく「勝負」。同じピッチに立つ以上は、先輩も後輩もない。それがプロの世界です。

キャンプ到着直後に、闘莉王さんから「プロとは何か」を教えてもらった気がしています。

キャンプでは日本代表組とU－23日本代表組（五輪代表）が入れ替わるように合流、離脱を繰り返していました。日の丸を背負ってプレーする選手たちの姿には、見ているだけでも大きな刺激を受けました。

練習ではプロの技術の高さと判断スピード、そしてフィジカルの強さに圧倒されました。フィジカルに関して、自分は細身だったものの、高校世代では当たり負けはほぼなかったのですが、球際の競り合いで簡単に吹き飛ばされました。

僕が参加したのは1週間くらいだったと思うのですが、すべてが成長の糧《かて》でした。あのキャンプから20年が経過している今でも、闘莉王さんの激励の言葉と共に、オーストラリアでの光景は、リアルに蘇ってくるのです。

だから僕はレッズを選んだ

オーストラリアキャンプから戻った2004年春、レッズから特別指定選手に登録してもらいました。当時は、サテライトリーグ（Jリーグ若手の控えメンバーによるリーグ戦）があって、高校のスケジュールを空け、レッズの選手としてサテライトリーグの試合に出ていました。レッズの選手たちと一緒にプレーすることで、プロでの実戦経験を積むことができました。

高校3年生になってから他のJクラブの練習にも参加したのですが、僕の気持ちはレッズに固まっていました。

レッズ加入を決めた理由は、二つあります。

まずは、埼玉スタジアムを埋め尽くすサポーターの存在です。

特別指定選手になってからは、何度も埼スタで試合を観たのですが、5万人以上のファンで真っ赤に染まるスタジアムと、地鳴りのような応援に圧倒されました。埼スタで試合を観るたびに、自分もレッズの選手としてこの場所でプレーしたいと強く思っていました。

サテライトリーグに参加する前日は、レッズの選手寮に宿泊して、翌日のゲームへの準備をしていました。先輩たちが埼スタでプレーする姿を目《ま》の当たりにして、自然と気持ちが昂りました。


もう一つの理由は、選手たちのレベルの高さです。

試合出場の可能性を優先するのであれば、他のクラブを選択する道もあったと思います。自分は守備的な選手だったので、Ｊリーグ屈指の攻撃力を持つ選手たちと日々の練習から一緒にプレーできることで、間違いなく成長できると確信しました。


試合に出られる可能性が高い環境を選ぶことを否定はしません。僕の場合は、自分が一番成長できる環境を優先してレッズに決めましたが、未来を選ぶ道に正解はないと考えています。

大事なことは誰かに決めてもらうのではなく、自分の意志で決断すること。そして、選んだ道を自分自身で正解にしていくことが、自分自身に対する責務だと思うのです。

「レッドスター」赤星選手との出会い

中村祐也選手、大山俊輔選手、近藤徹志選手、赤星貴文選手、サントス選手が入団同期です。中村選手、大山選手はレッズユースだったので、すでに寮生活をしていました。近藤選手、赤星選手は地方出身の高校サッカー組だったので、自然と一緒にいる時間が多くなりました。

彼ら二人とは自動車の運転免許を取りにいくタイミングも同じで、いろいろな話をしました。僕は高校まで実家から通っていて寮生活が初めてだったこともあり、すごく楽しかった記憶ばかりが残っています。

赤星とは、U－15から世代別代表で常に顔を合わせていたこともあり、特に仲が良かったです。名前が赤星だったことから、まさに「浦和の星」という意味で「レッドスター」と呼ばれていて、早くから注目を集めていました。期待値で言えば、僕よりも遥かに上だったと思います。

彼はレッズで2007年までプレーして、水戸ホーリーホック、モンテディオ山形、ツエーゲン金沢を経由して、ラトビアへ旅立ちました。一度Jリーグへ戻ってきましたが、その後もポーランドや（ロシア連邦の）バシコルトスタン、タイ、イラン、インドネシアを渡り歩きました。

僕とは国やエリアが違いますが、いろいろな国、文化の中で彼はサッカーをしてきました。いまは東海リーグ、出身地の静岡県富士市を本拠地とする岳南Fモスペリオというチームで代表取締役を務めています。


いまでこそ、東欧でプレーする選手はいますが、彼はその先駆けで、東欧へのルートを切り拓いた存在だと思います。レッズ入団当初からマイペースでしたが、芯が通っていて精神的にも打たれ強く、タフな選手でした。

レッズの寮生活をしていたときから黙々と英語の勉強をしていて、将来は海外へ行きたいという希望を持っていることが言動や行動にも表れていました。海外への道があるということを、18歳の僕に教えてくれた選手でもあります。


赤星の海外生活は、ポーランドでの時間が最も長かったと思いますが、言葉も文化も日本人にとって馴染《なじ》みがない国で一人で戦い抜くことは簡単なことではなかったと思います。当時の東欧には日本人選手はほとんどいなかったし、給与に関する問題などもあったり、決してやさしいチャレンジではなかったはずです。

どんな場所でもチームに溶け込んでいけるのは、彼のキャラクターの良さ。サッカーへの情熱にあふれた赤星らしい生き方をしていると感じます。僕がドイツに行く前には、彼から海外でプレーするうえで必要な心構えなどを教えてもらいました。

2018年末に僕の体にすい腫瘍が見つかったときは、タイにいた彼に連絡をしていました。驚いたことに赤星はオフの日にわざわざ帰国して、病院まで来てくれたのです。そして僕の顔を見て、そのままタイへ戻っていきました。

タイと日本は片道約7時間で、往復約14時間。弾丸ツアーの強行日程であることに加えて、航空券代も安くはなかったと思いますが、そういう行動ができる人間なのです。入院中は心身ともに疲弊していたので、赤星が来てくれたことは本当に励みになりました。

常に考えながらプレーをする赤星の姿からは、サッカーができる喜びが伝わってきます。待遇やカテゴリーでチームを選んでいるのではなく、彼自身が輝ける環境を常に求め続けた結果ではないかと思います。

赤星は、東欧、東南アジアを中心に10年以上も海外クラブに所属してきました。日本には情報が届きにくいエリアだったこともあり、彼の活躍はあまり知られていませんが、しっかりと結果を残して、チームの中での地位を確立していました。

タイでプレーしていたときにも、ただタイのチームに所属しているという状況ではなく、結果はもちろん、待遇も決して低くなかったと聞いています。Jリーグの選手の平均値よりも上の待遇を受けて海外で戦っていました。

彼は「雑草」と呼ばれるかもしれませんが、サッカー選手としての価値は非常に高かったと思います。

僕も赤星もともに今年、レッズ加入から20年目を迎えました。僕は現役選手として、彼はサッカークラブの代表として、それぞれ違ったサッカー人生を送っていますが、レッズの練習場で切磋琢磨し、選手寮でともに夢を語り合った、同じ原点を共有する者同士です。

レッズ時代以降は、同じチームでプレーしたことはありませんし、それぞれ住んでいる場所も離れています。

ただ、サッカーというスポーツを通じて、いつも心はつながっている。赤星自身の生き方は、まさに「レッドスター」の称号にふさわしいと感じています。

天皇杯2年連続優勝

レッズでのデビュー戦の光景は、僕の記憶の中に今も鮮明に焼き付いています。２００５年

第2章

浦和レッズ

プロ意識を覚醒させてくれた最強集団

4月9日のJリーグディビジョン1第4節、ガンバ大阪戦が僕のJリーグデビューとなりました。

開幕序盤のリーグ戦でしたが埼スタの公式入場者数は5万1249人で、入場のときには身震いがしました。レッズ加入を決めたのは、このサポーターの前でプレーしたかったから――それを再確認する思いでした。

レッズを選択して本当に良かった。高卒でプロ入りしてわずか3カ月でプロのピッチに立ちました。当時のメンバー入りは16人だったため、メンバー争いも熾烈《しれつ》。しかも超満員の埼スタのフィールドでプレーできたことは、今でも信じられません。

そのシーズンの出場は、Jリーグ3試合（4節、31節、32節）、ナビスコ杯2試合（予選L6節、準々決勝第1戦）、天皇杯試合（準々決勝、準決勝、決勝）だったのですが、天皇杯には準々決勝・川崎フロンターレ戦から準決勝・大宮アルディージャ戦、決勝・清水エスパルス戦までの3試合に、3バックの一角として先発フル出場しました。

リーグ戦はデビュー以来、なかなか出場することができませんでしたが、レッズというクラブで日本代表クラスの選手たちと日々トレーニングしていたことは、その後の成長につながっていったと思います。

天皇杯の佳境となる準々決勝からのトーナメントの緊張感を感じられたことは、プロ1年目の僕にとって大きな財産となりました。

特に清水エスパルスとの決勝は、2006年1月1日の国立競技場（旧）。サッカーの聖地とも呼ばれていた会場での大舞台でした。前年までテレビで観ていた天皇杯決勝に自分が立つことになるとは、夢にも思わなかったのです。

決勝のメンバーは、GKが都築龍太《つづきりょうた》選手、3バックは坪井慶介選手、堀之内聖《さとし》選手、そして右CBに僕。ボランチは長谷部誠選手、酒井友之選手、サイドに三都主アレサンドロ選手、山田暢久選手、トップ下にポンテ選手、2トップは岡野雅行選手とマリッチ選手。ベンチには赤星も入っていました。

一方、対戦相手の清水エスパルスには、前橋育英時代の同期の青山直晃選手が先発出場しました。また、のちに海外組の同志となる岡崎慎司選手とは、CBとFWのポジションでマッチアップする形が多い試合となりました。

試合は前半にセットプレーの流れから堀之内選手のゴールで先制、後半にはポンテ選手と赤星の流れるようなパスワークから最後はマリッチ選手が決めて、追加点を奪いました。ゲーム終盤に1点を失いましたが、2対1で勝利し、天皇杯優勝というタイトルを手にすることができました。

プロ1年目は、周囲に日本代表クラスの選手が揃う中で、自分に何ができるのかを考える日々でした。Jデビューは早かったものの、そこからはなかなかチャンスをつかむことができず、試行錯誤の日々が続きました。

その状況で、天皇杯で出場機会をいただき、優勝メンバーの一員になることができたのは、自分にとって大きな収穫になったことは言うまでもありません。


天皇杯を終えた1年目のオフに、DFアルパイ選手が移籍することになり、レッズの背番号3が空白になっていました。1年目の僕は背番号32をつけていましたが、シーズン後にクラブスタッフから電話をもらって、「背番号3はどうか？」と打診を受けました。

もともと自分は中盤の選手だったので、「3」をつけたことがなかったのですが、ルーキーイヤーを終えたばかりにもかかわらず、レッズで1桁の番号をもらえることを光栄に感じて、背番号3をいただくことになりました。


2年目もリーグ戦は2試合出場に留まりましたが、天皇杯ではブッフバルト監督が起用してくれて、準々決勝からの3試合はすべて先発で出場しました。

決勝のガンバ大阪戦はネネ選手、内舘《うちだて》秀樹選手、僕の3バック。ボランチには鈴木啓太選手が入り、前線には小野伸二選手、ポンテ選手と永井雄一郎選手。スコアレスで後半終了間際まで進んでいく難しいゲームだったのですが、最後に永井選手が決勝ゴールを決め、2連覇を成し遂げることができました。

1年目は無我夢中で、周囲の先輩に支えられての優勝でしたが、2年目は周囲のサポートを受けながらも、自分なりにチームの力になれた手応えもありました。

国立競技場でサポーターからの熱い声援を受けたときに、やっとレッズの選手になれたという実感がありました。サッカー選手として、元日の天皇杯に勝ってオフを迎えられるのは、この上ない幸せなのです。

2年連続の天皇杯優勝のタイトルは自分の大きな自信となりました。これでますます、リーグ戦でもレギュラーとして定着して活躍したい、という強い願望が僕の中で膨らんでいったのです。

パスに人間味が出る人・小野伸二さん

伸二さんとレッズで同じピッチに立つことができたのは、自分にとっての誇りです。伸二さんは、僕がレッズに加入した2005年まで、オランダ・フェイエノールトでプレーして、2

006年にレッズへ戻って来ました。
繊細なボールタッチ、緩急をつけた滑らかなドリブル、360度にアンテナを立てたようなパスセンス――どれをとっても絶対に追いつけないというか、同じ試合に出場していても別次元にいると感じさせられるプレーヤーでした。

僕が伸二さんのプレーを見て感じたことは、「パスに人間味が出ている」ということです。ピッチ外でもすごく親切で優しい先輩なのですが、その性格がプレーにそのまま出ていると常に思っていました。

パサーにはいろいろなタイプの選手がいますが、伸二さんのパスは本当に優しいのです。オランダでは「ベルベットパス」とも言われ、柔らかで上品な織物にたとえられたものです。なぜベルベットのようなのかというと、パスの受け手のスピード、トラップ技術、利き足などに合わせて親切なパスを送ってくれるのです。実際に受けてみると、アーティスティックで、上品なパスという表現がぴったりだと思います。

2006年の天皇杯決勝では一緒にスタメンでプレーさせてもらい、いろいろな場面で助けてもらいました。DFラインから常に伸二さんの背中が見えて、「伸二さんに預ければ大丈夫」という絶大な安心感がありました。

今後、日本サッカー界に伸二さんのような選手が出てくるかどうかはわかりませんが、伸二さんと一緒にプレーできたことは、プロ2年目の自分にとって貴重な経験になりました。

伸二さんとの思い出で忘れられないのは、2008年の出来事です。伸二さんはこの年にドイツ・ボーフムへ移籍しましたが、そのシーズン途中にリハビリのため、極秘で一時帰国していた時期がありました。

レッズの全体練習がオフだった日に、伸二さんはリハビリのためグラウンドで調整をしていました。

僕は、プロに入ってからオフの日は必ず朝からグラウンドへ行って、ジョグや体幹トレーニングなど軽めのルーティンメニューをこなしていました。それはプロ20年目を迎えても変わらないルーティンです。選手によってはオフを完全休養にする人も多いですが、僕はオフには体のメンテナンスのために、ほぼクラブハウスに出掛けていました。

その日もグラウンドで走っていると、遠くに伸二さんのシルエットが見えました。帰国しているという話はスタッフからも一切聞いていなかったので、まさかと思って近づいてみると、伸二さんの笑顔がありました。ボーフムにいるはずの伸二さんがグラウンドにいたので驚きました。

第2章

浦和レッズ

プロ意識を覚醒させてくれた最強集団

近況報告などをしてから、ふと伸二さんの首元を見ると、クロムハーツ（シルバーアクセサリーの高級ブランド）のブラックダイヤモンドのネックレスをしていました。数十万円もする数少ない商品で、稀少モデルだったと記憶しています。

「伸二さん、約束したネックレス、くれないままドイツへ行っちゃったなー」

と冗談で伝えたら、その場でネックレスを外して僕にくれたのです。

僕はさすがに冗談のつもりで言ったのですが、伸二さんはそのまま僕にプレゼントしてくれました。

安いものではないし、ご自身がそのときも身につけているものです。それを躊躇《ちゅうちょ》なく渡す懐《ふところ》の広さに感動しました。そのクロムハーツは自分の宝物です。家に大事にしまっておくとかではなく、伸二さんからのお守りだと思って、今も大切に毎日つけています。

伸二さんとは食事もご一緒する機会がたびたびありました。カニ料理をごちそうになったとき、その食事中にも、いろいろな方々からひっきりなしに電話が入って、この人にはどれだけの知り合いがいるのだろうと驚かされました。本当に、人を引き寄せる魅力にあふれたかたなのです。

伸二さんは2010〜2012年まで清水エスパルスでプレーし、その後はオーストラリアへ。帰国してからはコンサドーレ札幌、ＦＣ琉球、そして再びコンサドーレ札幌でプレーしました。

僕がＪリーグに帰ってきて柏レイソルでプレーしていた２０１８年に、伸二さんと一緒に食事に行ったのですが、伸二さんの首元には、見覚えのあるあのクロムハーツのネックレスがありました。

僕も、伸二さんからいただだいたネックレスをつけていたので、二人が偶然にも同じものをつけていたのです。伸二さんに、「あれ？　どうしたんですか？　同じですか？」と聞くと、

「あのときは勢いでハジにあげちゃったんだけど、実は俺も気に入っていたので、もう一回、同じネックレスを買ったんだよ」

とのことでした。僕は、そのことを知って、お気に入りをプレゼントしてくれたことにあらためて感謝するとともに、伸二さんの懐の深さと凄さを実感して泣きそうになりました。

サッカー選手としては到底およばないレベルではありますが、ネックレスを見ると、若かりし自分と伸二さんの無邪気な笑顔が思い浮かんでくるのです。

伸二さんは２０２３年シーズンで引退を発表し、26年間の現役生活に幕を下ろしました。僕は札幌で行われた「引退試合」に足を運び、伸二さんのラストプレーを目に焼き付けました。

その夜には伸二さんから「ハジ、どこにいる？」という電話があり、この人はどんなに優しい

人なんだと改めて思いました。

伸二さんのプレーには、サッカーの魅力が詰まっていました。規格外のイマジネーションと絶妙なタッチを備えた伸二さんは、僕の憧れでもあります。日本サッカーの価値を高めたレジェンドとレッズで一緒にプレーできたことは、僕の大きな財産です。

サッカーと「社会」を教えてくれた鈴木啓太さん

レッズで充実した時間を過ごせたのは、鈴木啓太さんの存在が本当に大きかったです。啓太さんは5歳上の先輩で、同じボランチのポジションでプレースタイルが近かったこともあり、一緒に過ごす時間が増えていきました。

僕がレッズの特別指定選手になった2004年にはアテネ五輪を目指すU－23日本代表のキャプテンを任されていて、その立ち振る舞いも含めて憧れの選手でもありました。

初対面はクールな感じで僕から話しかけるのには壁を感じましたが、いつも啓太さんのほうから食事に誘ってくれて、シンプルに可愛がってもらいました。

群馬から浦和に出てきて、サッカー以外に右も左もわからない自分をいろいろな場所に連れていってくれて、「社会」というものを学ばせてもらいました。

例えば、食事のときの上座《かみざ》やタクシーの乗り方、レストランでのテーブルマナーまで社会人としてのルールを、押し付けではなくさりげなく教えてくれました。一般企業に入社すれば、こういうことは上司や先輩が教えてくれるのかもしれませんが、サッカーのピッチ上に〝上司〟はいません。啓太さんは良き先輩として、サッカーのスキルだけではなく、社会人としてのビジネスマナーを伝えてくれたのです。

啓太さんは以前から、ビジネス方面での人脈も広く、様々な分野で活躍されている経営者のかたがたを紹介してくれました。当時の僕はまだ車を持っていなかったので、啓太さんが寮へ迎えに来てくれて、僕は助手席に座ってその場に向かうだけでした。

有名アーティストのライブにもお供させてもらって会場に行くのですが、ライブ後は普通に楽屋へ行ったりして、啓太さんの交友関係の広さに驚かされました。地方出身の僕に、知らない世界を見せてくれたのです。

オフには旅行に誘っていただいて、泊まりで県外へ連れていってもらったこともあります。このときも、僕が財布を開けることはまったくなく、すべて面倒をみてくれました。これまで僕にどれだけ散財してくれたのだろうと考えると……この恩を同額で返すのは難しいかもしれません（笑）。

サッカーにおいてはポジションが同じでタイプも似ていたので、当然ながらチームではライバルです。啓太さんのほうではライバルとは見ていなかったと思いますが、僕の面倒を見てくれていたことに啓太さんの心の広さを感じます。

入団当初は啓太さんとの差があまりにも大きく、啓太さんがいてはあのポジションで試合に出るのは無理だ、と感じてばかりでした。

ピッチ上での啓太さんは、本当に大きく見えました。オシムさんが日本代表監督に就任した2006年に啓太さんは日本代表に初招集されて、レッズの主軸から日本代表の中心選手への階段を登っていきます。僕は、啓太さんがステップアップしていくのを一番近くで見ていました。啓太さんも海外に出る選択肢はあったと聞きましたが、レッズ一筋のサッカー人生を貫きました。

僕はレッズでレギュラー出場できないにもかかわらず、U－23日本代表として五輪予選でプレーしていました。周囲の選手は各クラブでレギュラー出場している選手がほとんどで、レギュラーじゃないのは僕くらいしかいませんでした。その状況を自分でも情けないと思っていましたし、むしろ五輪予選にも呼んでほしくないと感じていたときもありました。

僕は、2005、2006年の天皇杯では3バックの左CBでプレーして2年連続で天皇杯優勝を果たしましたが、ボランチとしては啓太さんに比べて圧倒的な力不足を痛感していました。ただ、CBとしてプレーしたことで強度が上がり、守備への意識が高まりました。

SBやワイドも経験させてもらいましたが、レギュラー争いのライバルの動きを意識したり、そのポジションでの役割を果たしたりというよりも、与えられたポジションで自分らしくプレーすることを徹底していました。

複数のポジションでプレーすると、失敗したときに「本職ではない」とか「ボランチでプレーしたい」とか言い訳を考えてしまったときもあったのですが、そこから逃げずに課題と向き合うようにしました。そして、どんなときも自分らしさを表現しようと思いました。


啓太さんは2007年にチームと日本代表でフル稼働しましたが、2008年に扁桃腺の炎症などで体調を崩したり、怪我が重なったりしてコンディションを戻すのに時間が掛かってしまい、日本代表を離れてしまいました。僕にとってはそこからチャンスをもらった格好になって、試合に出られるようになり、2008年からリーグ戦での出場機会が増えていきました。それによって、自分としても初めて〝レッズの選手〟らしくなれたという実感を得られました。

そして2010年の開幕戦では、啓太さんとポジションを争う中で、開幕スタメンでプレーしました。その後、レッズでのスタメン出場を勝ち取ることができたことで、この年に日本代表に初招集されました。そして代表選出が一つのきっかけになり、ドイツ移籍への道が拓けていったのです。

レッズ時代は僕がレギュラー出場していた時期もありましたが、「啓太さんを超えられた」という実感どころか、「啓太さんに近づいた」という感覚もまったくありません。

啓太さんは控えでベンチにいるときも、ハーフタイムに常に冷静なアドバイスをくれたりして、器の大きさを感じていました。だから追いつきたくても追いつけない選手です。

今、啓太さんは現役を引退し、ビジネスの世界で活躍されているので、その距離はさらに離れてしまっていると思います。僕にとって「鈴木啓太」という選手は、永遠に輝き続ける存在なのです。

漢気の人・田中マルクス闘莉王さん

闘莉王さんは、僕がJリーグで出会った中で最も漢気《おとこぎ》があり、真っ直ぐな選手の一人でした。闘争心は間違いなく、チーム歴代№1だったと思います。

2007年ごろと思いますが、僕自身、怪我が重なったときがあり、自分でも悩んでいる時期がありました。そんなときに闘莉王さんが突然、僕のところに来て、「ホソ、これあげるよ」とブラジルのお守りネックレス「エスカプラーリオ」をくれたのです。闘莉王さんがブラジルで購入してきたものらしく、いつも首につけていたのですが、それを僕に渡してくれました。僕はキリスト教徒ではないのですが、闘莉王さんの優しさと漢気を授かった気がして、それ以来、約17年間、エスカプラーリオをつけています。

これは紐のようなもので、毎日つけていると紐が劣化して切れてしまいます。レッズにいたころは、紐が切れそうになるたびに闘莉王さんのところへ行って、エスカプラーリオを譲ってもらっていました。

闘莉王さんが名古屋へ移籍してからも、通訳さん経由で仕入れてもらって、海外でプレーしていたときもエスカプラーリオを持っていきました。

今は闘莉王さんからもらうことはできませんが、これを見るといつも闘莉王さんのプレーや言葉を思い出します。エスカプラーリオは自分の中での大切なお守りなのです。

闘莉王さんからは、プロサッカー選手としての矜持《きょうじ》も教えてもらいました。一緒に3バックや4バックを組んでいたときには、良いプレー、悪いプレーもすべてはっきりと伝えてくれていました。2008年のディフェンスラインには山田暢久さん、坪井慶介さん、闘莉王さん、宇《う》賀《が》神《じん》友弥さん、阿部勇樹さん、そして僕もいました。

球際に甘さがあったり、隙があったりしたときは、本当に厳しく指導してもらいました。チ

第2章

浦和レッズ

プロ意識を覚醒させてくれた最強集団

「最後はボランチで勝負しろ」闘莉王選手の言葉で自分の現在地を知った。

ームの勝利のためでもありましたが、僕のことも気にかけてくれていたのだと思います。

闘莉王さんは、守備のときの細かな体の向きや、状況に応じたポジショニング、ボールを奪いに出る瞬間のタイミングなど、これまで知らなかった実戦的なポイントを僕に叩き込んでくれました。闘莉王流のディフェンス術が、僕の守備力向上につながっていったと思います。

忘れられないのは、闘莉王さんが練習後に、ふと話してくれたひと言です。レッズに加入当初の2005~2007年までの僕は、様々なポジションでプレーしていました。DFラインに入るときは必然的に闘莉王さんと一緒にプレーすることが多くなるのですが、あの時間が僕のサッカー人生を豊かなものにしてくれました。


リーグ戦翌日の軽めのトレーニングが終わって、闘莉王さんとジョグをしていたときに、こう言われました。

「このままSBだったら普通の選手。当然、普通では代表には行けない。だけど、ボランチだったら代表でプレーできる可能性があるぞ。いろいろなポジションでプレーするのも大事だけど、最後はボランチで勝負しろ」

とてもダイレクトな言葉で伝えてくれて、すごくありがたかったですし、自分の現在地を確認するきっかけにもなりました。

闘莉王さんは僕に対して、試合に出られて満足するのではなく、可能性のある限り、より高い位置を目指せと教えてくれたのだと思います。「GOOD」で満足するのではなく「BEST」を狙うことの大切さを学びました。

僕も含めて選手はみな、レギュラーをつかんだり、チームでの立ち位置が安定すると、そこで一息ついてしまうことがあります。闘莉王さんは万能型のユーティリティプレーヤーになるのではなく、唯一無二の日本代表選手になれと激励してくれたのです。

レッズ全盛期、埼スタの熱気に鍛えられた

僕がレッズでプレーした2005〜2010年は、間違いなくレッズの全盛期の一つでした。だからこそ、埼スタのサポーターの熱量も極めて高く、真っ赤に燃えるような白熱したスタジアムでプレーできる喜びは格別でした。僕がプレーしていたときは常に多くのサポーターで溢れていて、まるで海外のスタジアムのような雰囲気でした。

その後、ドイツへ渡ってのち、ブンデスのスタジアムの雰囲気にのまれなかったのは、ブンデスに比肩する埼スタの熱気の中でプレーできた経験のおかげかもしれません。

2007年のレッズは、ACLで初優勝を果たしました。アウェーで開催された決勝第1戦

は引き分け。決勝第2戦のスタメンは、GK都築龍太選手、DF坪井慶介選手、田中マルクス闘莉王選手、堀之内聖選手、MFはポンテ選手、鈴木啓太選手、平川忠亮選手、長谷部誠選手、阿部勇樹選手、FWは永井雄一郎選手、ワシントン選手という布陣でした。

決勝第2戦では永井選手、阿部選手のゴールによって勝利して、2戦トータルの結果、アジアのタイトルをつかみました。大小の旗が揺れて、スタジアム全体が劇場のように熱量を共有するあのシーンを、皆さんも記憶していることと思います。

でも僕は、ACL優勝時にU－23日本代表遠征に参加していて、あの場所には立ち会うことができませんでした。そのときはレッズでのスタメンに絡めていなかったので、クラブと話し合い、五輪予選に行くことになりました。

もちろん、ACLという大舞台にチャレンジしたい気持ちはありましたが、チームとも話し合いを重ね、五輪予選に集中したほうがいいということで海外遠征へ行っていました。ただ、前にも挙げた通り、当時のレッズのメンバーのレベルが高すぎて自分が食い込むことができなかったのも事実です。

レッズのACL初優勝は本当にうれしく、誇りに思う出来事でしたが、プロ3年目の自分としては個人的な力不足も感じていました。だから、優勝シーンの映像を見ると、うれしさとともに少しほろ苦い気持ちも浮かび上がってきます。レッズの中でまずはレギュラーを取りたいと痛感させられたシーズンになりました。

第2章

浦和レッズ

プロ意識を覚醒させてくれた最強集団

細貝が在籍した2005～2010年の浦和レッズは、まさに全盛期だった。

転機が訪れたのは2008年でした。3年目までのリーグ戦出場は13試合で、決して順調ではない試行錯誤の日々だったのですが、4年目を迎えて、レッズという環境が僕自身を成長させてくれていました。レッズでレギュラーを目指す一方で、U-23日本代表として北京五輪へ臨むことになったのです。

当時の五輪代表の顔ぶれを列挙する。錚々《そうそう》たる名選手ぞろいだ。

【北京五輪日本代表】

GK：山本海人《かいと》、西川周作

DF：水本裕貴、長友佑都、森重真《まさ》人《と》、安田理大《みちひろ》、内田篤人、吉田麻也

MF：本田拓也、谷口博之、梶山陽

平、細貝萌、本田圭佑、香川真司
FW：豊田陽平、李忠成《りただなり》、岡崎慎司、森本貴幸

2008年の北京五輪は、僕にとって世代別代表としての集大成的な位置付けであり、フル代表へ入るための通過点でもありました。U－15から世代別代表に選んでもらっている同世代の仲間たちと一緒に戦う、最後の国際大会でもあったのです。

2004年のアテネ五輪には、予選を含めて闘莉王さんや啓太さんが出場していたので、レッズの選手としてオリンピックに出場することは自分にとって大きな目標の一つになっていました。そして、その実績をフル代表入りの礎《いしずえ》にしたいと考えていました。

個人的には、海外の選手とどれだけ戦えるかの試金石となる場所です。真剣勝負の舞台で世界のレベルを測りに行く、という感覚がありました。

北京五輪の代表メンバーには、圭佑、岡ちゃん（岡崎慎司）、佑都、吉田麻也選手、ウッチー（内田篤人）、真司たちがいて、のちに「海外組」と呼ばれる名選手が多く集まっていました。

レッズからは、僕と梅崎司選手が候補に入っていて、最終選考を待っている状況でした。ただ、選考当日に梅ちゃんは選ばれず、結果的にレッズからは僕一人が北京へ向かうことになり

ました。梅ちゃんは悔しかったと思いますが、その日の夜に僕に連絡をくれて、メンバー入りを祝福してくれました。彼と一緒に北京五輪へ行けなかったのは複雑な気持ちだったのを覚えています。

北京五輪の指揮官は反町康治《そりまちやすはる》監督で、オーバーエイジ枠を使わずに純粋なU－23チームで戦う方針となりました。

日本代表は2000年のシドニー五輪で予選突破し、決勝トーナメントへ進出しました。アテネ五輪では1勝2敗で予選敗退。北京五輪での日本はグループBでアメリカ、ナイジェリア、オランダと同組となりました。

初戦のアメリカ戦で僕には出番がなく、チームは0対1で敗れてしまいました。その後のナイジェリア、オランダの2試合には、先発出場することができました。

ナイジェリア戦は、2点ビハインドから豊田陽平選手のゴールで1点を返したものの、1対2で黒星。その時点で予選敗退が決まってしまいました。

3戦目のオランダ戦には、バベル選手、マカーイ選手など世界的プレーヤーがいて、日本代表は善戦こそしましたが、0対1で屈しました。

アメリカ、ナイジェリア、オランダとのグループ予選3戦で3連敗。オーバーエイジ枠を使わなかった大会で、この世代には大きな期待をかけてもらっていたのだと思いますが、結果が出なかったことについては、オーバーエイジ枠を使わなかったことが原因ではありません。シンプルに僕たちの力不足です。

北京五輪の結果に関しては、苦い思い出です。注目が集まるオリンピックで結果を残して次へつなげたかっただけに、大きな挫折を味わいました。

今振り返ると、あの敗戦は自分にとってのターニングポイントにもなりました。選手個人の能力は他国と比較しても十分戦えていたと思いますが、世界との差は何なのかを考えたとき、〝世界レベルを感じられる環境〟の違いによるものかもしれないと感じました。

北京五輪をきっかけに、多くの選手が海外へ飛び出していき、北京五輪の主力メンバーの多くは海外へ渡りました。北京五輪の結果をほかの仲間がどう感じたかはわかりませんが、僕にとっては海外挑戦を本気で意識した瞬間でした。そして新たな気持ちでレッズへ戻っていったのです。

プロ第一歩がレッズでよかった

レッズで過ごした6年間は、本当にかけがえのない時間でした。

偉大な選手たちと最高のスタジアムでプレーできたことが、僕自身をレベルアップさせてくれました。その後は、日本代表やブンデスで6万人近い観客のもとでプレーさせてもらいましたが、重低音の声とコレオグラフィー（会場でつくる人文字）で演出された埼スタはブンデスと比べても独特で、世界一のサポーターが集う場所だったとあらためて思います。

そして、監督との出会いも大きかった。僕が加入当初のレッズはドイツ人指揮官を招へいしていて、ギド・ブッフバルト氏、ホルガー・オジェック氏、ゲルト・エンゲルス氏、フォルカー・フィンケ氏から指導を受けました。

ドイツ式のマネジメントのほか、その戦術から世界を感じることもできましたし、日々のトレーニングから刺激を注入してもらいました。

何より彼らには、選手へのリスペクトがありました。だから僕たち選手も、この監督のもとで学びたい、一緒に結果をつかみたいと思うのです。

レッズに関して心残りがあるとすれば、主軸としてプレーした２００９、２０１０年シーズンに、チームとして結果を残せなかったことです。２００９年はリーグ6位、２０１０年はリーグ10位に終わりました。２０１０年には初めて日本代表に選出されていた中で、自分自身がもっとチームをけん引しなければいけなかったと思いますし、あの2シーズンの苦悩は、今でも拭い去れずに残っています。

それでも僕は、レッズを選んでよかった。プロとしての第一歩がレッズではなかったら、今の「細貝萌」はなかったでしょう。あのときのレッズという恵まれた環境がすべてだったと思います。

ドイツ移籍への逡巡と、母からの手紙

２０１０年12月27日、細貝は浦和レッズからドイツ・ブンデスリーガ名門のバイエルレバークーゼンへの移籍会見を開いた。レッズでのルーキーイヤーに「32」だった背番号は２年目には「３」へ変更。それはクラブからの期待の表れだった。ドイツ移籍の前年となる２００９年からはチームの主軸として埼スタのピッチに立ち続けた。フォルカー・フィンケ監督が率いた２０１０年には、若きリーダーとしてキャプテンマークを任されるようになった。田中マルクス闘莉王らが去り、チームが転換期を迎える中、細貝は重圧を背負って闘い続けた。その最中に届いたドイツからのオファー。葛藤の末、海外移籍を決断した。

移籍報道が出た直後の同年12月25日に行われた天皇杯準々決勝、ガンバ大阪戦にキャプテンマークを巻いた細貝は、先発出場し74分までプレー。チームは１対２の延長惜敗となったが、それがレッズでのラストダンスとなった。海外移籍を決断した細貝に対して、ファン・

サポーターの反応が様々だったのは事実だ。その2日後の27日に開かれた移籍会見で、細貝萌は涙を浮かべながらこう語った。

「自分としてもすごく苦しい決断でしたが、6年間、浦和で育ててもらって、すごく感謝していますし、これからドイツで、浦和で支えてもらったファン・サポーター、関係者、みんなに恩返しできるように、向こうでしっかりと結果を出したいと思っています。（略）……これまで、浦和から海外に行ったたくさんの選手と違って……浦和ではなかなかよい結果を残すことができなかったので……。この状態で、浦和を離れることは……そういう決断をしたことは、すごく、苦しかったです。（略）だからこそ、向こうに行って、しっかりとよい選手になって恩返しをしたいという気持ちが強いです」

レッズでの6シーズンを見守り、最終戦も観戦した母・恵子は、ドイツへ旅立つ萌に一通の手紙を渡した。そこにはこう綴られていた。

萌へ

これから旅立とうとする萌へ、母の感じたことを手紙に書こうと思います。なかなか面と向かって伝えられそうにないので。

今回の決断、ほんとに苦しい決断だったと思います。浦和に入って6年、順風満帆のように思いますが、3年目あたりから母は異なった思いをしていました。認めたくはなかったけれど応援で決定的に感じました。

12月25日の天皇杯。やはり予感が的中して……。萌への応援が少なかったように感じました。それが試合前から悔しくて悔しくて……そして悲しかったです。試合前から萌の浦和でのラストゲームになるのでは……という想いのほか、悔しくて辛い試合でした。

人一倍、真面目で努力家で!! それでいて不器用で、世渡りが下手で!!

そんな萌だから、なおさら、皆様に理解して、認めてほしかったです。悔しくて悲しかったです。ごめんね、お母さんはこんな想いでした。

浦和から旅立ちです。この悔しさを、萌も感じていたなら、忘れないでください。年末にもらった手紙に「自分の決断は間違っていないと信じています!」と書いてあったのをみて、ホッとしました。

海外では生活スタイルや風習、環境が違うとはいえ、不器用な萌には、逆に素直に自分を出せるんじゃないかと思ってます。何事も言葉に出して意志表示をしなければダメ! 逆にその方が良いんじゃないかと!!

夢に向かって旅立って、前進していってください!! 心の底から応援しています。

胸を張ってしっかりと自分を磨いてきてください。自分に磨きをかけてひと回りも、ふた回りも良い男になってください!

何でも思うようにいかないのが人生、それが人生のおもしろい所。時々は弱音を吐いても、愚痴を言ってもいいよ。夢へ向かって少しでも前進していけば良いと思います。萌の人生を応援しています。いってらっしゃい、そして、おめでとう！

2011年1月2日　母より〉

細貝は、ドイツへ向かう飛行機でこの手紙を読み号泣したという。

決して順風だったわけではない。だが、レッズでの6シーズンは、細貝を大きく成長させるために必要な時間だった。細貝の冒険は、ドイツへと舞台を移すことになった。

鈴木啓太氏

元浦和レッズMF、AuB株式会社代表取締役

〝弟〟であり、ライバル。萌と出会えてよかった！

萌のあの端正な顔つきの奥に垣間見える、強い意志と野心が、すごく印象的でした。プレーはもちろん、ピッチ外でも独特の雰囲気があったので、プロ選手として成功するだろうという確信がありました。

素直でまっすぐな選手で、人としても好感を持てたので、自分が経験してきたことを少しでも伝えていけたらと思い、ピッチ外でも親しくしていましたね。当初は、ライバルというより弟のような存在で、オフには食事に行ったり、買い物に出かけたりしました。

萌はサッカー以外の部分でも吸収しようという気持ちが強かったので、様々な職種のかたがたとの交流の場にも誘っていました。僕が社会のイロハを教えたというよりも、彼自身が学んでいったという言い方のほうが正解だと思います。

それに、自身の考えをしっかりと持っているので、簡単に流されたりすることは決してなく、行動の裏には、やはり強い意志があったと思います。

プレーヤーとしては生粋のボランチだと思いますが、レッズ加入当初は、サイドバックやセンターバックでもプレーできるマルチな選手でした。当時のレッズは長谷部誠選手などボランチの層が厚かったので、その部分は彼自身にも葛藤があったかもしれません。

2008年には僕のコンディションが整わない中で、萌がボランチとしてレギュラー出場する試合が増えて、「弟」から「ライバル」へ移っていきましたが、いつも応援していましたし、信頼関係は変わらなかったですね。

2010年に彼はドイツへ渡りましたが、僕も2005〜2006年のタイミングで海外のオファーをいただいていました。ただ、そのタイミングで、ジーコ・ジャパンがワールドカップ・ドイツ大会で敗れて、日本代表監督にイビチャ・オシム氏が就任し、国内組中心のメンバーで戦う方針が出ていたので、海外オファーをお断りしてJリーグに残る選択をしました。その後、僕は体調を崩して代表から離れる形になってしまいました。その間に萌が台頭してきたのです。

萌は2010年にアルベルト・ザッケローニ監督から日本代表に呼ばれて、それを転機としてドイツへ旅立っていきました。その後の彼は日本を代表する選手へ進化していきましたが、先輩として喜ばしい反面、選手としては悔しい気持ちも当然ありました。

結果的に僕も萌もワールドカップには届きませんでしたが、お互いに違った道で、それぞれチャレンジした結果です。自分の選択に後悔はないですし、萌の挑戦にもリスペクトしかありません。レッズという場所を出発地点にしてワールドカップという山を目指して登っていた時間は、決して無駄ではないと思っています。

僕はレッズで16年間プレーして、プロ生活に別れを告げましたが、萌は2024年シーズンでプロ20年目を迎えています。2023年シーズンはなかなか試合に出られなかったようですが、萌のことだから、今も朝早く練習に行って試合に向けて最善の準備をしていることでしょう。

萌と一緒にプレーしたレッズでの6年間は幸せでした。将来的には、それぞれの経験を活かして一緒にスポーツ界を盛り上げていけたらいいなと思っています。レッズという場所で、萌に出会えて本当に良かった。

赤星貴文氏

元浦和レッズMF、岳南Fモスペリオ代表取締役

萌は負けず嫌いの「THE 男」。まだまだチャレンジ！

萌は、中学時代から知っているので付き合いが一番長いと思います。マブダチというジャンルだと、僕しかいないかもしれないですね（笑）。

僕は清水エスパルスジュニアユースでプレーしていたのですが、全国大会で前橋ジュニアユースと対戦して「細貝萌」の名前を知りました。その直後のU—15日本代表で再会して仲良くなりました。普段は温厚ですが、試合中は闘志をむき出しにして闘うプレースタイルで、端正な顔立ちとのギャップが凄かったです。

高校は僕が藤枝東で、彼は前橋育英だったので、高校サッカーのライバルであり、親友でもありました。世代別代表ではずっと一緒にプレーしましたし、頻繁に連絡を取って、プロ入りの相談もしていました。僕は、藤枝東の先輩である長谷部誠さんや山田暢久さんがいたのでレッズを選びましたが、お互いに「レッズで一緒にやろう」と話していて同期入団という形になりました。

レッズでは寮生活になりましたが、代表合宿でもずっと一緒だったので、その延長という感じでした。寮では隣部屋だったので自由に行き来していて、萌は僕のベッドでよく寝ていましたね。語学にも関心があって、二人で英会話の本を買って勉強した時期もありました。親友でもありポジションを争うライバルでもあったのですが、僕の中では、常に萌が一歩先を進んでいるイメージでした。

僕は２００９年にポーランドへ渡り、その後、一度Ｊリーグへ戻ってきたあとにラトビアへ向かいました。そのときに萌からレバークーゼン移籍の相談を受けて、「絶対に行くべきだ」と伝えたのを昨日のように思い出します。

僕が東欧のクラブで必死になって頑張っている間に、彼はブンデスリーガで活躍して日本代表にも招集されていきました。最終的に萌は、ドイツとトルコで7シーズンプレーしましたが、ヨーロッパで良い条件の契約を何年も勝ち取ることは簡単ではありません。同じヨーロッパにいた僕としては素直にリスペクトしていました。萌がレバークーゼンに戻ったときは、純粋にファンとしてテレビ観戦していました。

２０１８年末に萌が、すい臓腫瘍で入院したという連絡を受けたときは、居ても立っても居られず、タイから〝弾丸〟で帰国して病院へお見舞いに行きました。何もできないですが、僕と会うことで不安が少しでも払拭できればと思いました。

萌はタイのブリーラムユナイテッドへの移籍が決まっていたので、「タイで対戦しよう！」と話したのですが、その後、僕がイランへ移籍したので、対戦は実現しませんでした。

僕自身は２０２３年まで、地元クラブの岳南Ｆモスペリオでプレーして現役を引退。今はクラブの代表取締役を任されて、ＪＦＬ昇格を目指して挑戦していきます。萌は地元のザスパ群馬に加入して、２０２２年はチームの残留に大きく貢献していました。

僕ら二人ともいろいろな経験を積んで、地元へ戻っているというキャリアも似ています。僕は、家族、両親、友達に自分がサッカーをしている姿を見せたかったのですが、萌もそういう気持ちだと思います。

萌は２０２４年でサッカー人生20年目を迎えていますが、負けず嫌いの「ＴＨＥ 男」です。まだまだチャレンジできるはず。悔いのないサッカー人生を送ってほしいのはもちろん、体を大切にして、いつまでも健康でいてほしいと思います。

第3章

ドイツ移籍

自分の選択を正解にする覚悟

海外移籍のチャンスが巡ってきたのは必然か——。

浦和レッズ加入からの6シーズン、すでに記した通り、試合出場を重ねるたびに、細貝萌は進化を遂げていった。まさに順風満帆だった。U－23日本代表として北京五輪の舞台で海外の猛者《もさ》たちと真剣勝負を繰り広げたことで、欧州でプレーしたいという夢は揺るぎないものとなった。将来の海外移籍を視野に入れて北京五輪前にエージェント契約をかわした代理人・大野祐介氏とは、日々議論を重ねていた。

2010年には、レッズでキャプテンマークを任される試合も増え、日本代表にも初選出された。評価は高まっていく。細貝は当時をこう振り返る。

「当時は、日本代表に入れなければ、欧州主要リーグへの移籍は難しかったし、僕自身も日本代表に入らなければ海外へ行くべきではない、と代理人に伝えていました。海外移籍を実現するためにも日本代表選出はマスト。フル代表に選ばれたことで自分の周囲が少しずつ動き出すのを感じていました」

細貝に関心を示したのは、ドイツの名門バイエルレバークーゼンだった。守備的プレーヤーの高評価について、国内メディアは驚きを持って報じた。レバークーゼンとの契約は4年半だった。代理人としてレバークーゼンとの交渉を重ねた大野氏はこう言う。

「レッズと契約延長の話し合いを行っていた中で、ドイツのエージェントから移籍の話が届きました。2010年11月27日にレバークーゼンのスカウトが対川崎戦を視察して、12月上旬に契約がまとまったのです」

レバークーゼンは、ドイツサッカーへの適応期間としていくつかのレンタルプランを提示した。最終的にブンデスリーガ2部のアウクスブルクへの期限付き移籍を選択し、細貝は代理人、マネージャーとともにドイツへ向かった。高校時代から海外でのプレーを志していた若武者は、強い覚悟を胸にバイエルン州の古都・アウクスブルクへ降り立った。

アウクスブルクは、ローマ皇帝のアウグストゥスが築いた城が街の由来。中世ヨーロッパの趣が残る石畳の街には路面電車が走り、水路が張り巡らされている。浦和の街からアウクスブルクへ。冒険のさらなる扉が開かれた。

海外への道を拓く

2010年の年末は、これまでにないくらい本当に慌ただしかった。12月25日には、レッズでの天皇杯準々決勝・ガンバ大阪戦に出場しました。あの試合で僕はキャプテンマークを託されてプレーしたのですが、遠藤保仁選手に直接フリーキックを決められて先制を許すと、後半29分で交代となりました。試合は、宇賀神選手のゴールで同点に追いつき延長戦へ。最後はガンバ大阪・宇佐美貴史選手に決勝ゴールを許して、レッズは準々決勝敗退となってしまいました。この試合が、僕にとってレッズでの最終戦になりました。

最終戦は複雑な心境でした。ポンテ選手はレッズとの契約延長を希望していたものの、契約延長交渉が不調に終わり、天皇杯を最後に退団することが決まっていました。試合後、ポンテがファン・サポーターから大きな声援を受けている光景を、僕はじっと眺めていたような記憶が残っています。

長谷部さんのようにチームにタイトルをもたらして海外へ出たケースと違い、そのシーズンの僕は、チームに何も残すことができませんでした。その部分に関しては力不足を感じましたし、もっとできたことがあったと思います。

そんな状況でも、ドイツへ移籍することになった僕に声援を送ってくれたファン・サポーターには感謝しかありません。

その2日後、12月27日にレッズのクラブハウスで、レバークーゼン完全移籍の記者会見がありました。各メディアの記者の皆さんからの質問を受けて、僕は込み上げてくる涙を抑えることができませんでした。

移籍が実現したことはもちろんうれしかったのですが、決して自分一人だけで成し得たわけではありません。周囲で支えてくれたかたがた、ファン・サポーターの皆さんのことを考えたら、自然と涙腺が緩んでいきました。

僕にとって海外でのプレーは、物心ついたときからの夢でした。レッズに加入することができて多くの経験を積ませてもらった中で、レッズでプレーしたからこそドイツ移籍の道が拓けたのだと思っています。

移籍契約直後のレンタル移籍

今だから話せますが、2010年シーズンの終盤に、かつてレバークーゼンでプレーしていたポンテが、

「レバークーゼンのスカウトたちが、ハジ（細貝）のこと注目している。近いうちにオファーがあるだろう。ハジだったらブンデスで絶対に通用するから、前向きに進んでいけ」

と話してくれました。

その後は、食事に誘ってくれて、ブンデスの状況やドイツでの生活について詳しく教えてくれました。この話にはもちろん驚かされましたが、現実となったのです。2010年の年末に代理人を通じて正式なオファーが届きました。ドイツ移籍の裏には、ポンテのアドバイスと後押しがありました。

海外移籍は長い間、自分の心だけに留めていました。だから、チームメイトにも伝えていな

かったし、12月下旬に移籍報道が出たときは周囲を驚かせてしまったかもしれません。ただ、将来への決断をするにあたっては、僕自身が精神的に難しい状況になってしまい、全身に蕁麻《じんま》疹《しん》が出たり、心身のバランスが崩れたりして、練習後には何度か病院へ通っていました。それくらい厳しい決断だったのです。

レバークーゼンからの提案は、ドイツでの適応期間として、一旦はレバークーゼンと契約して、レンタルで他クラブへ移籍するというものでした。僕はこれを了承していました。

Jリーグは春秋制が採用されて12月でシーズンが終わりますが、欧州は秋春制となっているので、12月はシーズン途中となります。ウインターブレイクはあるものの、レバークーゼンのようなビッグクラブにシーズン途中で加入しても、守備的なプレーヤーである僕に試合出場のチャンスが巡ってくる可能性は高くはありません。

さらに僕の場合は、2011年1月に開催されるアジア杯の日本代表メンバーに選ばれていたため、チーム合流が遅れる予定になっていました。

レバークーゼン側から、いくつかのレンタル先を提示された中で、最終的に当時まだブンデス2部だったアウクスブルクを選びました。現在のアウクスブルクは、ブンデス1部の中位クラブとしての地位を確立していますが、当時は1部初昇格を目指して、チーム強化を図っている状況でした。

若い選手も多くて勢いを感じられたこと、規律あるサッカーをしていることなどから、僕はアウクスブルクでプレーすることを決めました。

日本代表に選ばれたこと、当時のレッズがドイツとパイプがあったことなどもあり、ドイツ移籍が現実になりました。

ただ、僕は守備的なプレーヤーで、年齢も24歳になっていました。今でこそベルギーやオランダのクラブを経由して、ドイツのクラブに移るルートもできていますが、当時の移籍情勢から考えれば、あのタイミングで移籍する以外に方法がありませんでした。最初で最後のチャンスだったと思っています。

2011年の年明け早々にドイツへ出発

2010年12月27日に記者会見を終えたあとは、怒濤《どとう》のような時間が流れていきました。移籍が決まって安堵した半面、不安が襲ってきました。ただ、あまりの忙しさに不安がかき消された感じがあったのも事実でした。

各方面へのあいさつを終えて荷物をまとめると、2011年の年明け早々にドイツ・ミュンヘン空港行きの飛行機に飛び乗り、代理人、マネージャーと一緒にドイツへ向かいました。フランクフルトで1泊して、翌日にアウクスブルクへ到着しました。車窓からドイツの街並みや自然を眺めているうちに、少しずつ緊張もほぐれていました。

アウクスブルクの事務所に着くと、レバークーゼンとアウクスブルクの強化部のスタッフが集まっていて、その場で説明を受け、契約書にサインをしました。

サイン後にアウクスブルクの街に出て、ユニフォームを手にルフカイ監督と一緒に記念撮影をしたのですが、この日はとにかく寒かった！

チームはクリスマスのウインターブレイクを終えて再始動の準備をしていて、僕は始動前日のランチミーティングから参加。自己紹介をして、チームメイト、スタッフ全員に英語で挨拶をしました。

ただ、ランチミーティングで飛び交うドイツ語がまったくわからず、それまで膨らんでいたアウクスブルク加入の喜びは、一瞬で、不安に変わってしまいました。

アジアカップでカタールへ

その翌日には、日本代表に合流するため、開催地であるカタールへ向かいました。ドイツで

第3章
ドイツ移籍
自分の選択を正解にする覚悟

の最初の滞在時間は約1日。あっという間の出来事でした。でも、新たなサッカー人生のスタートにあたって、身が引き締まる思いでした。

「細貝萌」というサッカー選手の名前は、日本国内でこそ知られていたかもしれませんが、ドイツではまったくの無名で、日本での実績は意味を成しません。その意味ではゼロからのスタートです。

誰も助けてはくれませんし、自分自身で道を切り拓いていくしかない——。僕はここで強く覚悟を決めました。

日本代表は2010年のワールドカップ南アフリカ大会後に、ACミランやユヴェントスなどの監督を務めたイタリア人指揮官アルベルト・ザッケローニ監督が就任して、新たな船出となりました。

僕は2010年秋に日本代表に初選出されて、同年9月の国際親善試合パラグアイ戦で、代表デビューを果たすことができました。

カタールでの2011年アジアカップは、ザッケローニ監督にとって、日本代表としての初の国際大会です。2007年のオシム監督時代のアジアカップでは、準決勝で敗れてベスト4

で終わっていました。ザッケローニ・ジャパンのメンバーは、僕たち北京五輪世代が加わったことで、王座奪還が至上命令となっていた大会でした。僕にとっても、初めてのフル代表で生き残りを賭けた大会であり、勝利という結果が必要でした。

グループリーグ初戦のヨルダン戦は、カタール合流から1週間後の1月9日。僕はこの試合で出場機会はありませんでしたが、チームは1対1で引き分け。そして、続くグループリーグ2戦目シリア戦の後半終了間際に、僕は途中出場を果たし、チームは2対1で勝ち切りました。日本代表は2勝1分で決勝トーナメントへ進出し、準々決勝では開催国カタールと対戦しました。中東の地での完全アウェイのゲームは、常に先手を取られる展開でしたが、真司の2ゴール、そして伊野波君の劇的な決勝ゴールで、準決勝進出を果たしました。

準決勝・韓国戦は、日本代表のサッカー史に残ると言われた激闘になりました。前半に韓国キ・ソンヨン選手にPKを決められて先制を許す状況の中で、前半36分に左サイドからゴール前へ入った佑都のマイナス（自分より後方へ）のパスを、前田遼一選手が蹴り込んで、同点に追いつきました。

1対1でハーフタイムを折り返したゲームは、後半も一進一退の攻防が続いていきました。僕は後半42分に負傷した真司に代わり、ボランチで交代出場となりました。

本田圭佑選手のＰＫに反応して飛び込む

ゲームは前後半90分でも決着せずに、延長戦へ突入。延長戦は相手の迫力に押し込まれる時間が続いていましたが、前半延長7分に、圭佑からのスルーパスを受けた岡ちゃんがＰＫを獲得しました。

ＰＫキッカーは圭佑。異様な雰囲気の中でペナルティーマークにボールをセットして、ゴールを睨《にら》みつけていました。

日本を応援する誰もが、圭佑がＰＫを決めてくれると思っていたはずです。僕自身も、ペナルティーアーク付近で準備しながら、必ず圭佑がＰＫを決めてくれると信じていました。

でも、サッカーは何が起きるかわかりません。圭佑は、利き足の左足でゴール正面低めを狙っていきましたが、コースがやや甘く、韓国のＧＫが右側へ飛びながらも両足でブロック。そのボールがＧＫの前へこぼれました。

圭佑が決めてくれると信じながらも、僕は自分ができることを遂行しなければいけないときだ――と思いました。

僕はＰＫを蹴る選手ではありませんが、ＰＫシーンでしっかりと準備してフォローすることはできます。ＰＫが決まっても決まらなくても、圭佑が蹴った瞬間にだれよりも早くゴール前に入ってつめることだけを考えていました。それはプロに入ったレッズ時代から、どんな試合でも心掛けてきたことで、そのプレーが大一番でゴールにつながったと思います。

映像を振り返ると、ＧＫが飛び出していて、相手の選手も迫ってきている。決してシュートコースが開けていたわけではありませんが、僕はこぼれたボールに反応し、思い切り抜いた左足のシュートが良い角度に飛んで、対角のゴールネットを揺らしてくれました。

ＰＫがこぼれてくるシーンは、サッカー人生で何度もあるわけではありません。１００回のＰＫで、自分の前にこぼれるのは1回あるかどうかで、確率としては１％以下でしょう。そして、あのタイミングでつめることを体に覚えさせていなければ、ボールへの反応もできないものです。

ふだんからしっかりと準備をして、愚直に飛び込んでいった結果が、日本代表初ゴールにつながったと思っています。

ただ、あくまでも僕はチームの一員として役割を果たすという当然のプレーをしただけで、あの瞬間、逆方向から走り込んだ味方もいたし、カウンターに備えて守備でカバーに動いてい

第３章
ドイツ移籍
自分の選択を正解にする覚悟

本田選手の PK のこぼれ球に反応。細貝は代表選で勝ち越しゴールを決めた。

た選手もいます。チーム全員がタスクを遂行した結果によって、僕のゴールが決まったのは間違いありません。チーム全員の準備力の結実でした。

僕の勝ち越しゴール後、さらに追いつかれて、最終的にはＰＫでの勝利になりましたが、自分のゴールが日本代表の勝利に少しでも貢献できたと考えると、充実感がありました。

自分のゴールよりも、チームの勝利に貢献できた喜びのほうが大きかった。

決勝のオーストラリア戦に僕の出場機会はありませんでしたが、スコアレスで迎えた延長後半、李忠成選手のスーパーボレーが決勝ゴールとなり、アジア制覇を果たすことができました。優勝の瞬間に立ち会えたことは、僕の大きな財産です。

僕は結果的にワールドカップメンバー（２０１４年）には選ばれませんでしたが、アジアカップのゴールシーンは、多くのファンが今でも覚えてくれています。日本代表の影響力の高さと、日本代表でのゴールの価値を強く感じました。

ドイツ移籍決定直後のアジアカップは、忘れることができない大会になりましたし、あのときの日本代表の一員だったことを誇りに思っています。そしてアジアカップの閉幕は、ドイツでの戦いの始まりとなったのです。

ヨス・ルフカイ監督との出会い

カタールでのアジアカップを終えた僕は、真司、岡ちゃんらブンデスでプレーする仲間とともに日本へ戻らず、そのままドイツへ向かいました。当時の僕らはメディアから「海外組」と呼ばれるようになっていましたが、自分にとっては「海外」や「国内」とかの意識はまったくなく、それぞれが選んだ場所で生き抜くだけだという感じでした。

レバークーゼンからの期限付き移籍という形で、アウクスブルクでのプレーを選択した僕は、アジアカップ直後の1月末にチームに合流し、ブンデスデビューに向けて準備を進めていきました。

ここで幸運だったのは、アウクスブルクを指揮していたヨス・ルフカイ監督との出会いです。オランダ人のルフカイ監督は現役時代にオランダでプレーし、引退後にケルン、ボルシアMGでコーチ・監督を務めて、２００９年からアウクスブルクを任されていました。叩き上げの指揮官は、日本から来た僕を温かく迎え入れてくれました。

当初の予定では、クラブ側が専属の通訳をつけてくれる可能性もありました。先駆けてドイツでプレーした高原（直泰）さんや真司には専属の通訳がついていたという話を聞いていたので、僕にも通訳を手配してくれていると勝手に想像していたのです。

チームに合流して、ルフカイ監督と話していると、

「自分もオランダ人で言葉には苦労したが、経験則からアドバイスするならば、ドイツやヨーロッパで長くプレーしたければ通訳はつけるべきではない。最初は大変かもしれないが、通訳がいれば頼ってしまうし、言葉の上達スピードが遅い。チームメイトと直接コミュニケーションが取りづらくなる。通訳を手配することは可能だが、自分の言葉で伝えることが大切だ」

とアドバイスをいただきました。監督も僕も、ドイツからすれば外国人同士なので、経験になぞらえた助言は、とても力になりました。

ルフカイ監督の助言を受けて、僕は通訳をつけずにチームに合流しましたが、当初はミーティングや練習の指示などがまったく理解できない状況でした。

レッズ時代に、英語の家庭教師をつけていたので、英語でのコミュニケーションは可能でしたが、ミーティングやピッチ上での言語はドイツ語になります。必死になって選手間の会話や指示の声からドイツ語の単語を拾い、練習後には辞書などで調べることを繰り返しました。

さらに、ルフカイ監督は、練習後には僕を監督室に呼んでくれて、英語で丁寧に戦術などの説明をしてくれました。

日本代表のアジアカップ出場によって合流が遅れていたこともあり、僕の中には焦りもありました。でも、ルフカイ監督が「慌てるな。ハジの力はわかっている。しっかりと準備してから試合へ向かおう」と話してくれたことに救われました。

正直なところ、ブンデス2部で上位を走っているチームを率いる監督が、言葉のわからない日本人の面倒を見る理由はどこにもありません。それでもルフカイ監督は、いつも僕のことを気に留めてくれました。

ルフカイ監督は、僕のプレーをしっかりと見極めてくれて、理解しようとしてくれている。そのことが十分に伝わってきていたので、僕としても監督のためにも頑張らなければいけないと強く思ったのです。

自分の力の何を前面に出して存在感を示すか

1月末にチームに合流、翌週のリーグ戦からはベンチに入れてもらいましたが、僕には出番がなく、アウクスブルクデビューとなったのは、2月19日の1860ミュンヘン戦でした。

初先発はそれから1カ月後の3月19日、オーバーハウゼン戦でした。

チームは2部で昇格争いに加わっていて、基盤ができあがっていたので、シーズン途中での新加入となる僕の出番は、多くはありません。それでもルフカイ監督は、「今はチーム事情によってチャンスが限られているが、チームにとってハジメの力が必要になるときが必ず来る」と励まし続けてくれました。

アウクスブルクでの1年目となる数カ月間の出場は7試合でしたが、ルフカイ監督の気配りとサポートによって、充実した日々を送ることができました。

チームは最終戦の1試合前の33節、ホーム戦時点でリーグ2位が確定し、クラブ史上初のブンデス1部への昇格を果たしました。

最終戦は1位のヘルタベルリンと2位アウクスブルクという、1部昇格を決めたチーム同士の対戦となりました。両チームともすでに昇格が決まっている試合で、僕は先発出場して、7万人超の観客が集まるスタジアム（オリンピアスタディオン。ヘルタベルリンのホームスタジアム）でプレーしました。その姿を妻や両親に見せることができて、本当にうれしかった。

移籍から半年間は、自分らしさがなかなか発揮できずに苦しんだ時間もありましたが、この最終戦で初めてアウクスブルクの一員になれた気がしました。

1年目を振り返ると、うまくプレーしようという気持ちが強すぎたと思います。真司たちがブンデスで結果を残している中、自分も何かを残さなければという思いに駆られて躍起になったものの、結果的に自分の長所を出すことができませんでした。

相手の圧力を技術でかわそうとしたり、結果的に自分らしさが消えてしまっていたのです。自分の強みが何か考えたとき、ハードワーク、球際の強さ、守備での危機察知能力だという点にあらためて気付き、それらを前面に出していくようにしました。自分らしさを発揮できたことによって、初めてチームの信頼を得ることができたように思います。

34試合中32試合に出場できたアウクスブルク

アウクスブルクでの2年目は、自分自身、最も印象に残るシーズンとなりました。1年目では出場機会が限られ、自分らしさが発揮できずにいましたが、キャンプからしっかりと準備できたことで、チームの軸として起用してもらうことができました。

僕は8月13日の2節・カイザースラウテルン戦に途中出場し、ブンデス1部デビューを果たしました。続く3節からは3試合連続で先発出場し、5節ではレンタル元のレバークーゼンと対戦しました。

僕は右SBで先発、開始5分にブンデス初ゴールとなる先制点を決めることができました。左サイドからの折り返しに対して、逆サイドから走り込んでうまく合わせることができたのです。

レンタル元のレバークーゼンを意識していなかったと言えば嘘になりますが、僕は何をおいてもアウクスブルクの一員として勝利をつかむことだけを考えていました。

チームは1対4で敗れたものの、レバークーゼンからのゴールが自分自身の自信につながったとともに、レバークーゼン側へのアピールにもなったことは確かです。

2011、2012年シーズン、僕はブンデス1部で全34試合中32試合に出場（3ゴール）し、チームは14位で1部残留を決めることができました。

シーズン中、ルフカイ監督とは何度か個人的に話をする機会もあり、「チーム状態や、いまハジが感じていることを率直に教えてほしい」と言われたこともありました。そのくらい信頼してもらっているのを感じることができました。

監督からの信頼に対して、僕自身は非常に責任を感じましたし、監督のためにプレーしたいと、ますます考えるようになっていきました。

ルフカイ監督は、情熱と知性、選手へのリスペクトにあふれる指揮官です。選手と監督との相性や信頼関係はすごく大切で、僕にとってはルフカイ監督と出会えたからこそ、ドイツでのキャリアを積み上げることができたと思えるくらいの存在です。

もちろん、ピッチ上では厳しかったのですが、恩師というよりも〝親〟に近い存在だったかなと思っています。

香川真司選手へのマンマーク

2012年3月10日のブンデスリーガ25節ドルトムント戦は、忘れることができないゲームの一つです。

アウクスブルクは、前年度にクラブ初の1部昇格を果たして、ブンデス1部での戦いを続けていました。開幕前は当然、残留争いに甘んじるという下馬評となっていましたが、蓋を開けてみると、決死の戦いで勝点を積み上げ、最終的には中位争いに絡みました。

残留に向けてリーグ終盤に差し掛かった状況で、ユルゲン・クロップ監督（現・リバプール監督）が率いるドルトムントと対戦しました。相手のエースは、ブンデス2年目でブレイクしていた真司です。

ドルトムントは2連覇へ向けて盤石の強さを誇っていました。真司はそのシーズンに13ゴールを挙げて、翌年には英プレミアリーグのマンチェスターユナイテッドへの移籍が決定しました。

当時のドイツの街は、「香川旋風」という状態で、僕もアウクスブルクの街を歩いていると、

「カガワ！」と声を掛けられるほどでした。

25節ドルトムント戦は、アウクスブルクにとって残留のために勝点を奪わなければいけないゲーム。ドルトムントにとっては、優勝のために勝点3が求められる試合でした。

ゲームのポイントは、セカンドトップでプレーする真司をいかに抑えるか。彼に自由を与えたら守備ラインが耐えられないと感じた僕は、試合前にルフカイ監督に声をかけて、「真司にマンマーク気味でつかせてほしい」と相談しました。気心の知れた仲ですが、同じ日本人として彼に負けたくないということと、彼の近くでプレーしたいという気持ちが強かったのです。

指揮官に了承を得たうえで、徹底マークを実行すると、明らかに真司が嫌がっているのがわかりました。ただ、バイタルエリアを自由に動いて真司を封じるのは、簡単なタスクではありません。一瞬たりとも目が離せない時間が続いていきました。

真司は2列目に深く下がって、ドルトムントの選手にスペースをつくったかと思えば、僕との駆け引きでＤＦラインの背後を狙ってきたりしました。

自在に動く真司にパスが入ったときには激しくぶつかり、彼もスライディングタックルを僕に対して仕掛けてくるなど、壮絶なバトルになったことを覚えています。

イエローカードは覚悟のうえで、お互いがお互いをリスペクトしながらの試合となりました。

第3章

ドイツ移籍

自分の選択を正解にする覚悟

香川選手の動きをマンマークで封じた。細貝はマン・オブ・ザ・マッチに選出。

僕は真司が交代する後半25分までほぼほぼマンマークを遂行、ゲームはスコアレスドローになりました。その試合で真司にはほとんどチャンスを与えず、僕はメディアが選ぶマン・オブ・ザ・マッチに選出されました。選出理由は真司が活躍できなかったから。それくらい彼はすごかったのです。

どの試合も真剣勝負だったのですが、あのゲームの勝点1は、自分の特殊な役割と共に脳裏に刻まれています。

真司は僕よりも2学年下ですが、北京五輪代表にも飛び級で選出されていたので、今も親交のある同じ世代の日本代表プレーヤーです。セレッソ大阪で突き抜けた結果を残して、２０１０年夏にドルトムントに移籍。1年目から別格のプレーをみせていました。

ブンデスではそれまでに高原さん、伸二さん、長谷部さんたちが道を切り拓き、日本人選手の存在感を示してくれていました。その中でも真司は、2年連続でドルトムントを優勝へ導く原動力になったことで、世界的に注目を集めるプレーヤーとなりました。

彼の活躍によって日本人選手の価値はさらに高まり、ヨーロッパにおいての日本人マーケットが活性化していったことはまぎれもない事実です。

ドイツ国民全員が知っていた「香川真司」の名前

真司とはピッチ外でも、食事をしたり出掛けたりするなど、一緒にいることが多くありました。試合を終えた日の夜に、彼がアウクスブルクまで来ることもあり、僕の家に泊まってミュンヘンに買い物に行ったこともあります。

忘れられないのは、僕の誕生日にショッピングに出掛けたときに、ボッテガヴェネタのiPadケースをプレゼントしてくれたことです。彼はそういう気配りができる選手で、どこの国に行っても愛されるキャラクターでした。このプレゼントは今でも大切に使っています。

真司はドルトムントで2年間プレーし、世界的なビッグクラブであるマンチェスターユナイテッドへ移籍しました。ブンデスで結果を残してプレミアの名門から声を掛けられたのは、日本人として初めてのことです。そのシーズンまで、僕は彼と一緒にブンデスでプレーしていたので、移籍の話を聞いたときは、純粋に「すごい！」と思いました。

それまでにも多くの日本人選手が欧州でプレーをしてきましたが、ドルトムントでの真司の爆発的な活躍（2010年シーズン8ゴール、2011年シーズン13ゴール）のインパクトは、あまりにも大きかったと言えるでしょう。おそらくドイツ国民全員が「Ｓｈｉｎｊｉ Ｋａｇａｗａ」という名前を知っていたと思います。

そんな彼の活躍を、日本ではなく同じドイツで見たことが、僕にとってはこの上ない刺激になりました。真司がマンチェスターユナイテッドへ完全移籍したシーズンに、僕は保有権を持っていたレバークーゼンに〝戻る〟ことになったのです。

アウクスブルクでは1年半を過ごしましたが、街並みが綺麗なあの街で過ごした時間を、今もふと思い出します。ドイツに移籍したばかりで、サッカーに必死だったので、精神的に落ち着いた時間を送ることはできなかったのですが、また訪れてみたい街で大好きな場所の一つです。

ビッグクラブ・レバークーゼンへ

ドイツ3シーズン目となる２０１２年夏からは、レバークーゼンでプレーすることになりました。僕のドイツでの契約は、レバークーゼンからアウクスブルクへの期限付き移籍という形でした。僕の中では、アウクスブルクでのレンタルを終えたあとにレバークーゼンに戻れるかどうかが、一つの戦果になると考えていました。

ビッグクラブとまず契約して、レンタルで中堅クラブへ移籍するケースは何人かの日本人選手が経験していますが、保有クラブ（もともとの移籍契約先）に戻れるかどうかは結果しだい。僕の場合は、アウクスブルクからレンタル契約延長のオファーをもらっていた一方で、そのほかの中堅クラブが獲得に関心を示してくれていました。

そんな状況下、レバークーゼンからレンタルバックのオファーが届きました。レバークーゼンは僕の保有元クラブですし、ドイツでの1年半でレバークーゼンというビッグクラブのスケールの大きさを理解していたので、シンプルにレバークーゼンでプレーしたいと考えました。

レバークーゼンに着いて驚いたのは、練習場やクラブハウスの充実ぶりです。練習場はホームスタジアムのバイ・アレーナに隣接する場所にあり、暖房付き天然芝フルコートのほか室内練習場、プール、サウナなど質も一流。さすが世界的ビッグクラブだなと感じました。ロッカールームはスタジアム内にあり、水深が自由に調節できるリカバリー用のプールも備わっていました。

アウクスブルクに移籍したときは、右も左もわからない中で、戸惑いばかりが先にありましたが、1年半のドイツ生活で言葉の面でもドイツ語でコミュニケーションが取れるようになっていたので、特別大きな問題はありませんでした。

当時のレバークーゼンには、現在レアルマドリードでプレーするダニエル・カルバハル選手のほか、シュテファン・キースリンク選手、アンドレ・シュールレ選手らドイツ代表のほか、チェコ代表のミハル・カドレッツ選手、ポーランド代表のセバスティアン・ボニシュ選手らがいました。

国内外の代表選手が揃い、そのレベルは極めて高いと感じました。高校卒業時にレッズへ加入したときのような感覚だったのを覚えています。

UEFAチャンピオンズリーグ出場との葛藤

アウクスブルクでコンスタントに試合に出たとはいえ、レバークーゼンでは僕はゼロからのスタートになります。最初は分厚い選手層の中で、スタメンに選ばれるのも簡単ではない状況でしたが、自分の役割を遂行するだけです。

2011年1月にアウクスブルクに行ったときも、（ヨーロッパでの実績のない）自分にはポジションがないと思っていましたし、もちろん、レバークーゼンに移籍するときも、自分の力で奪うしかないと考えていました。どのクラブにいて、どんな状況にあっても、自分のやるべきことは変わらない、その中でチャンスを待つしかない、と。

レバークーゼンでは17試合に出場しました。当時は日本代表にも呼ばれていたので、ボランチで勝負したい気持ちが強かったのですが、カドレツ選手など複数のSBの選手が怪我で離脱し、シーズン前半戦は左SBで起用されることが増えました。

シーズン後半には、ボランチを主戦場とするドイツ代表ジモン・ロルフェス選手やシュテファン・ライナルツ選手、ラース・ベンダー選手、ゴンソ・カストロ選手がいて、彼らと中盤のポジション争いになっていました。ブンデス、代表で経験を積んだ彼らのクオリティーはとても高く、日々の練習が鍛錬の場になりました。

レバークーゼンは僕が所属していた2012〜2013年シーズンにブンデス3位となり、優勝には届かなかったものの、翌シーズンのUEFAチャンピオンズリーグ出場の権利を得ました。

サッカー選手として、UEFAチャンピオンズリーグのアンセム（讃美歌）が流れるスタジアムでプレーするのは大きな夢の一つです。この場に立つことは、ドイツに移籍したときの目標でしたし、翌シーズンもレバークーゼンでのプレーを選択すれば、UEFAの大舞台でプレーするチャンスが得られました。

翌年のUEFAチャンピオンズリーグでは、マンチェスターユナイテッドと同じ予選グループだったので、そのまま僕がレバークーゼンに残留していれば、真司をはじめ各国の代表選手たちと対戦する可能性もありました。

ヘルタベルリンを選択する

ただ、シーズン終盤になかなか先発出場できない状況が続き、大きな葛藤が生まれました。UEFAチャンピオンズリーグ出場のチャンス以上に、僕としてはボランチで勝負したいという思いが強くなっていました。

また、翌年に控えるワールドカップ出場のためにも、リーグ戦にコンスタントに出られる環境を求めていました。

それでもレバークーゼンは、僕のユーティリティ性や練習への取り組みなどを評価してくれていて、残留してプレーを続けることも可能でした。レバークーゼンというビッグクラブに評価してもらっていたことは、自分にとっても非常にうれしいことでした。

レバークーゼンに残るか他クラブへの移籍かを考えていたときに、アウクスブルク時代の恩師・ルフカイ監督から連絡をもらいました。ヘルタベルリンを指揮していて、チームの中心として僕のことを考えてくれているとのことでした。

サッカー選手としてのキャリアは限られていて、1年というシーズンはとても貴重な時間です。どの道を選択するか、移籍は常に大きなターニングポイントになります。

僕は、こう判断しました。

レバークーゼンでボランチとして試合に出られない時間を過ごすよりも、自分のプレーをより理解してくれているルフカイ監督のもとでプレーしたい――。

自分を高く評価してくれているという言葉を聞いたときに、自分の中に「ヘルタベルリンに行くべきだ」という確信がありました。しかも、ヘルタベルリンは待遇面でもレバークーゼンより高い評価をしてくれたので、迷いはなくなりました。

移籍を決意した僕は、2013～2014年シーズンはヘルタベルリンで33試合に出場。UEFAチャンピオンズリーグの舞台に立つことはできませんでしたが、自分自身の選択は間違っていなかったと今も思います。

ワールドカップへの思い

もう一つ、ファンのためにも記しておかなければいけないのは、2014年5月のワールドカップブラジル大会の日本代表メンバー発表のときのことです。

僕は２０１３年の夏からヘルタベルリンでプレーし、シーズンを終えた時期に日本代表の最終選考となりました。ヘルタベルリンでの1年目は、ルフカイ監督のもとでシーズンを通じて起用されていましたが、日本代表としては不安定な立場になっていたのです。

アルベルト・ザッケローニ監督が日本代表監督に就任した２０１０〜２０１１年にかけて、僕はコンスタントに招集されて、アジアカップ準決勝・韓国戦では延長前半にゴールを決めることもできました。

ただ、それ以降は代表に呼ばれても、ヤットさん（遠藤保仁）、長谷部さんの壁を越えることができず、さらに蛍（山口蛍）ら新戦力も加わってきたことから、ボランチのポジションは激戦区になっていました。代表戦では試合後半になってヤットさん、長谷部さんに代わっての途中起用がメインで、中盤の底で攻守のバランスを取る役割となっていました。

ヘルタベルリンでブンデス1部にほぼフル出場していた状況で、国際Aマッチの時期に日本へ戻って代表に合流するという過密なスケジュールとなりましたが、海外で活躍している仲間と会えるし、刺激をもらえるという意味では充実した時間でした。

ヨーロッパから13〜14時間かけて帰国して代表合宿に合流、またクラブに戻ったらリーグ戦に出場するというサイクルだったので、代表でなかなか出場できなくても、ヘルタベルリンでの試合に切り替えることができました。

ただ、長時間移動による疲労はもちろんあったし、心身ともに難しくもありました。日本代表戦が2試合あるのに、その2試合でわずか数分しか出場機会がない時期が続いたころは、「自分は本当に日本代表に必要とされているのか……」と考え込んでしまったものです。

2014年5月12日のワールドカップブラジル大会のメンバー発表当日、僕はベルリンの自宅にいました。シーズン終盤を迎えるにあたって両親がベルリンを訪れていました。その中でヘルタベルリンでのリーグ戦に出場したのですが、その日、僕は発熱を押してのプレーとなり、試合後はそのまま寝込んでしまったのです。

ザッケローニ・ジャパンから洩れる

どのくらい眠っていたのかわからないくらいの時間が経過しました。目覚めさせてくれたのは、メールやLINEの通知音でした。いくつかのメッセージが届いていたのですが、そのうちの一つがポップアップで画面に表示されていました。そのメッセージは、友人であるプロ野球・涌井《わくい》秀章投手から届いたもので、「残念だったね」という言葉が綴られていました。彼からのメッセージで、僕は代表メンバーに入れなかったことを知りました。

ザッケローニ監督が日本代表を率いて以来の4年間、僕はずっと代表に呼ばれていましたが、大会直前になって、自分が選ばれないかもしれないという空気をうすうす感じ取ってはいました。

僕が代表から洩れたことに関して、特にドイツ国内のサッカーメディアは疑問視するような記事でフォローしてくれたり、ルフカイ監督も「理解できない」とコメントしてくれましたが、選外になってしまったのは、ひとえにこの4年間の評価で自分の力が足りなかった結果です。自分としてはベストを尽くしたうえでのことなので、今も悔いはありません。

メンバー発表後には僕の公式サイトなどにも、多くの激励メッセージが届きました。僕自身の悔しさというよりも、応援してくれていたファンや家族を悲しませてしまったことが一番つらいことでした。

ベルリンに遊びに来ていた家族、ずっと支えてくれた妻は、普段と同じように接してくれましたが、その姿を見ているうちに涙がこぼれました。

自分のためだけではなく、僕を支えてくれている人のためにサッカーをしているのだ、とあらためて思ったのです。

ブラジル大会の代表メンバーには選ばれませんでしたが、怪我人などのアクシデントのためのバックアップメンバーには僕の名前も入っていました。断ることもできたのですが、ブラジルへ向かった仲間のためにも準備をしなければならないと考えました。

あの当時の日本代表には、怪我を抱えている選手が何人もいましたから、もしかしたら急きょブラジルに飛ばなくてはいけなくなるかもしれない。リーグ戦も終わってオフ期間に入っていたので、気持ち的には非常に難しかったのですが、たとえブラジルに行けなくても、役割を果たすことがプロとしての責任だと再認識したのです。

ワールドカップには出場できなかったけれど、あの仲間たちと予選を戦い、最後まで同じ時間を共有できたことを、僕は誇りに思っています。

長谷部誠選手の背中を追いかけていた

僕は最終的にワールドカップのメンバーには選出されませんでしたが、当時の日本代表の半数は、海外でプレーする選手で占められていました。彼らとの絆も、僕にとっての大きな財産になっています。

ブンデスリーガ・フランクフルトの長谷部さんはレッズ、日本代表、ブンデスで常に僕の先を走っている先輩で、ずっとその背中を追いかけていた気がします。

レッズでも代表でも、長谷部さんを超えなければ、僕は試合には出られませんでした。

長谷部さんは3度のワールドカップに出場したほか、２００７年からブンデスでプレーし、現在はフランクフルトで外国人選手としてクラブ最多出場数を記録するなど、確固たる地位を築いています。

僕はブンデスで計１１９試合出場ですが、長谷部さんは４００試合に近づく数字を残しています。すごいとしか言いようがありません。

長友佑都選手のギラギラした目の記憶

僕がレッズを離れてアウクスブルクへ渡った２０１１年1月には、セリエAのチェゼーナでプレーしていた佑都が、日本代表ザッケローニ監督の助言もあって名門インテルへ期限付き移籍し、翌シーズンには完全移籍となりました。

佑都とは１９８６年生まれの同期で、彼が明治大学でプレーしていたときから親交がありました。レッズのチームメイトの赤星、近藤徹志と僕で食事に行った際に、明大1年生の佑都を紹介されたのがきっかけです。

佑都は大学1年生のとき、椎間板ヘルニアでプレーできなかったようですが、身体能力に長《た》ける素晴らしい選手と聞いていましたし、当時からギラギラとした目が印象に残っています。そのころは応援団長として太鼓を叩いていたみたいですね（笑）。

大学2年生で復帰するとすぐにユニバーシアード代表などに選出されて、頭角を現していきました。大学3年生の冬に大学サッカーを辞めて、ＦＣ東京に加入。そして、その直後となる２００８年の春、日本代表に初選出され、ワールドカップ南アフリカ大会でも活躍しました。

その後の彼のステップアップは、皆さんもご存知のとおりと思いますが、彼のすごさは、インテルというビッグクラブで主軸として7シーズン半もプレーしたことです。

僕はレバークーゼンで1年間プレーしましたが、各国のビッグクラブと呼ばれるチームで、シーズンを超えてレギュラーを張り続けることは、簡単ではありません。タイトルが求められる状況のため、結果が出なければポジションは保証されませんし、生き残れません。

毎年、補強を繰り返し、新たなライバルが加入する中で、同じビッグクラブで長きにわたってプレーした日本人選手は、佑都が初めてではないでしょうか。

佑都のようなキャリアを持つ日本人選手が、この先に出てくるかどうかわかりません。彼が成し遂げたことは、それくらいの快挙だと思います。

プレーに加えて彼の卓越したコミュニケーション能力もチームメイトから愛されていました。僕が出会った選手の中でも、佑都は突き抜けて向上心の高いプレーヤーで、気付いたら、あっという間に海外へ飛び出していました。道を切り拓くことの大切さを教えてくれた選手の一人です。

岡崎慎司選手は生粋の「サッカー小僧」

岡ちゃんは2011年1月、僕の移籍と同じタイミングでドイツへ渡った同志です。清水エスパルスからシュトゥットガルトへ移籍して、マインツで2年連続2桁ゴールを決めて、プレミアリーグのレスターへステップアップしていきました。

彼とは、海外移籍の時期が同じだったこと、五輪代表や日本代表でも一緒だったことなどから、頻繁に連絡を取る仲でした。シュトゥットガルトとアウクスブルクはそんなに遠くない場所だったので、食事に出掛けたこともありました。

岡ちゃんは生粋《きっすい》の「サッカー小僧」で、〝今〟を大切にするタイプです。サッカー以外のことには関心が薄いというか、サッカーしか見ていないのかもしれません。

だから、連絡を取ったときは、誰よりも徹底的にサッカー論を語り合ったりしていました。シュトゥットガルトの2年間は、多少苦しんでいたように感じましたが、移籍先のマインツで自分のプレースタイルを確立したと思いました。

そしてレスターへ移籍した1年目の2015〜2016年シーズンには、プレミアリーグで優勝を成し遂げています。岡ちゃんは持ち前のハードワークとゴール前での執念を発揮して、優勝の原動力となりました。

彼も佑都と同じで意志が強く、ひたむきに自分の道を進んでいくタイプ。うまくなりたいという気持ちに一切のブレはなく、日々のトレーニングに対するモチベーションが極めて高いと感じました。

決してテクニックで勝負する選手ではないですが、勝負所でオーバーヘッドシュートを決めたり、守備でだれよりも走り抜いたりして、彼のプレースタイルはプレミアでも高く評価されました。一言で表現すれば「向上心の塊《かたまり》」です。

プレミアリーグでの優勝はもちろん素晴らしいですが、彼の日々の行動とモチベーションが成功の秘訣だと感じています。

この本の最終確認をしている段階で、岡ちゃんが引退するという報道がありました。実はその前に、僕のところに彼から「今、話せる?」と連絡が入り、そこで引退のことを聞かされたのです。

正直、寂しかった。高校卒業して一緒の時期にプロの世界に入って、ドイツ移籍も同じタイミングだったし、向こうに行ってもたびたび会ったり電話で話したりしていました。選手としても、岡ちゃんと僕は自分の気持ちを前面に出して戦う同じタイプのスタイルで、サッカーの話を詳しく語り合うのは常に岡ちゃんでした。

ここ数年、仲が良かった選手たちが毎年のように誰かしら引退していきます。それを見るたびに、ああ、もう一緒にサッカーできないんだ、とか、いろいろな刺激を与えてもらったな、とか、悲しさもありつつ彼らのおかげで今の自分がいるんだとあらためて感じています。

僕にも引退を決断するときがやってきます。ただ、自分は自分らしく、今できることを必死になってやっていくだけ。岡ちゃんの決断は、また別の刺激を僕に与えてくれたような気がしています。

内田篤人選手は米をかついでうちに来た

ウッチーは、人懐っこいタイプです。僕より1学年下ですが、芯がしっかりしていて自立できているタイプ。2010年に鹿島アントラーズからシャルケへ移籍し、1年目からUEFA

チャンピオンズリーグベスト4、DFBポカール（ドイツ杯）優勝に貢献するなど、甘いマスクですごいことを次々と達成していました。

僕がレバークーゼンでプレーしていた2012～2013年シーズンには、本拠地が近かったこともあり、頻繁にうちに遊びに来てくれました。気配りができる人柄で、米をかついで僕の家にやってきては、うちの妻の料理を楽しんでくれました。ウッチーとは、僕の妻の誕生日にユニフォーム姿で一緒にカレーをつくったり、ゆったりとした時間を過ごしました。

怪我を抱えながらの戦いでしたが、ウッチーはシャルケで7年半、ウニオンベルリンで半年の計8シーズンにわたってドイツでプレーし、現地でもチームメイトやファンの皆さんから愛されていました。

身体的には大柄とは言えない彼が、屈強な選手たちが集まるブンデスで活躍できたのは、テクニックに加えて、柔軟な考えと賢さがあったからだと思います。彼のプレーと共に、ドイツでの楽しかった時間が思い出されます。

真司、佑都、岡ちゃん、ウッチーたちは、北京五輪のU－23日本代表時代から一緒にプレーした仲間です。しかも彼らは、ワールドカップブラジル大会に出場するなど、日本代表の主軸としても長く活躍していました。

彼らが日本代表での出場試合数を伸ばしていく中で、僕は30試合出場で止まってしまいました。

そんな僕であっても、日本代表でプレーできたことを高く評価していただけるのはうれしいことですが、一プレーヤーとして考えれば、僕はやはり彼らについていけなかったという思いがずっと残っています。

ただ、周囲にみんながいてくれたから僕自身、成長できたし、苦しいときも耐え抜くことができたことは間違いありません。

Jリーグとブンデスリーガの違い

2011年1月に始まった僕の欧州への挑戦は、レバークーゼンと契約、レンタルでアウクスブルクで1年半、再びレバークーゼンに戻って1年、そしてヘルタベルリン（2013〜2015年）、トルコのブルサスポル（2015〜2016年）を挟んで、シュトゥットガルト（2016〜2017年）へ。

そして、2017年3月に柏レイソルからのオファーによって、7年ぶりにJリーグ復帰となりました。

出場試合数は、ブンデス1部で102試合、ブンデス2部で17試合、トルコリーグで20試合。

この7年間には、アウクスブルクでの1部昇格、名門レバークーゼンでの貴重な経験、ワールドカップブラジル大会での日本代表選考、監督交代による不遇など、様々な出来事がありましたが、今となってはすべてが輝かしい記憶です。

ブンデスとJリーグの違いは何か、とよく尋ねられます。

Jリーグのレベルが上がっている中で、その違いをあえて言うなら、ブンデスとは「強度と質」が違うのではないかと思います。身体的なサイズの違いも少なからずありますが、局面では特にツヴァイカンプフ（1対1の戦い）が求められます。

近年のブンデスにも、データが重視される傾向はもちろんありますが、データだけでは戦えません。激しいのは当然だし、海外ではたとえ練習のスモールゲームでも、負ければ選手たちは本気で悔しがります。普段の練習から熾烈なデュエルがあり、生き残りをかけた戦いになります。

同じポジションの選手から、練習で激しく削られることも当たり前の世界。そこが日本とは決定的に違う部分です。

僕がドイツへ渡ったときは、真司やウッチーが技術の高さを駆使して活躍していました。当初、僕も技術を見せなければいけないと思い、自分のスタイルを見失いがちな時期がありました。なかなか試合に出られない中で、自分のストロングポイントが何か、レバークーゼンやアウクスブルクが何を評価してくれたかを考えたときに、やはり対人のプレー、デュエルだと思い返したのです。

ほかの選手に近いプレーをするのではなく、自分のスタイルを貫くだけだということを理解してからは、ブンデスにも順応できたと思います。

ブンデスでは多くの日本人が活躍してきましたが、スペインやポルトガルと比較して、ドイツには気質が似ている部分がありますし、多少溶け込みやすさがあると思います。いまはベルギーやオランダを経由してブンデスに参戦する選手もいますが、僕らの時代にはそんなルートは今ほどありませんでした。だから、巡ってきたチャンスをつかむしかなかったのです。

数値だけでは測れない海外経験の意味

ふと、海外移籍をせずにJリーグにとどまっていたら僕はどうなっていただろうか、と考えるときがあります。

言葉のストレスもなく、居心地のよい場所であることは間違いありません。ただ、僕にとっては海外での経験が、未熟だった自分を成長させる大きな要素になったと確信しています。

第3章
ドイツ移籍
自分の選択を正解にする覚悟

海外移籍をした選手は、周囲のジャッジによって成功、失敗と評価されがちです。はたから見たら失敗ではないかと言われるケースもあるかもしれませんが、プレー面だけでなく人間関係や契約状況など、多くの要因が絡み合うため、一概に判断はできません。成功か失敗かは、周囲が評価するものではなく、自分自身が決めて判断するものだと思うのです。

例えば、海外に出て1〜2年で日本に戻ってきた選手でも、その後にJリーグで長く活躍している人も多くいます。サッカー選手なので結果が問われるのは当然ですが、そこで結果が出ていようが、出ていまいが、必ず得てきたものはあります。その中でも「人間的な成長」は、特に数字には表れない部分だと思います。

サッカー選手に限らず、プロのアスリートは誰でも、やがて現役生活を終えるときがやって来ます。その時点になって、海外での経験や人脈が将来に生きてくることもあるでしょう。だから、海外へと一歩踏み出したという事実が、すでに自分の力になってくるのです。

若い選手たちから海外移籍への相談を受けることはありますが、僕にとっては、逆に行かない理由がない。チャレンジの可能性は無限だし、新たな場所へ行くこと、新たな世界を見ることによって自分自身のポテンシャルや人間性を広げることもできます。

サッカーに限らず、人生というタイムラインに生じることは、決して良いことばかりではありません。無駄な時間はないとよく言いますが、厳しい時間を乗り越えた先にこそ見えてくる世界があるものです。大変だからといってあきらめてしまえば、その先に何があるかは見えない。

もしダメだったとしても、なぜできなかったのかを学んだことになる。登山にたとえれば、登っていない人、チャレンジしたけれど頂上へ行けなかった人がいたとき、登っていない人と失敗した人を同列に評価してはいけないと思います。

失敗の経験が、いつ自分に活かされるかはわかりません。ただ、そのチャンスをつかめるように自らが成長していかなければいけないと僕は思います。

人生には多くの道があり、日々決断を迫られます。サッカーのリーグ戦、トーナメントでは終わりがありますが、人生は長く続いていくし、戦っている限り敗者復活戦が必ずある。戦いから逃げてはいけない。

成功か失敗かは他人が評価するものじゃないし、自分が選んだ道に失敗はなく、その道を正解にしていく覚悟がいつも求められているのだと僕は思います。失敗の数は誇らしいものでもあるのです。

ドイツでの戦いは、僕自身にとって、そうしたことを学ぶうえでもかけがいのない時間でした。

第3章

ドイツ移籍

自分の選択を正解にする覚悟

レバークーゼンへの電撃移籍で始まった海外移籍は、細貝自身に多くのものをもたらした。アウクスブルクでの1年半では確固たる自信を、レバークーゼンでの1年間はポリバレントとして多くのポジションに起用される経験を得た。その後、ボランチのポジションにこだわり、恩師ルフカイ監督と再び歩む道を選択。だが翌年、ルフカイ監督解任による新体制への変更で不遇をかこつ。そしてトルコのブルサスポルへ戦いの場を移し、イスラム圏の異文化に触れた。クラブハウスに礼拝室があり、選手が祈っている姿も、現地に行かなければ見ることのないことだった。

満身創痍になって精神的に追い詰められたときには、帯状疱疹を発症し苦しんだ。華やかなシーンばかりがクローズアップされることと裏腹に、傷だらけの戦いであったことは間違いない。まさに栄光と挫折の連続だったと言えるだろう。

ドイツでの戦いは2017年3月に終焉を迎えたが、細貝のデュエルは終わらない。

香川真司氏

⚽セレッソ大阪MF

チームとしても個人としても、あのときの内容は〝完敗〟でした。

ハジくん（細貝）とは、ドイツでプレーしたタイミングが同じだったので、オフのスケジュールが合ったときにお互い行き来していた仲です。代表でも一緒にいる時間が長く、なんでも相談できる良き先輩でした。ブンデスでも対戦しましたし、代表でもハジくんのアグレッシブなプレーを見ていたので、対戦相手としては嫌な選手でした。でも、味方にすれば心強い存在でした。

2011～2012年シーズンのドルトムント対アウクスブルク戦でマッチアップして、マンマークで徹底的に張り付かれたことが強く印象に残っています。

ねちねちとマークされて（笑）、さらにドイツ人選手にはない俊敏性と集中力があったので、本当に厄介な相手でした。イライラして、ハジくんにアフターでタックルして、イエローカードをもらったこともはっきり覚えています。

2連覇の懸かったドルトムントとしては、2部から昇格してきたアウクスブルクからは、必ず勝点3を取らなければいけない状況でした。結果はスコアレスドローで、チームとしても個人としても、内容的には〝完敗〟だったと感じています。

僕にとってはそのシーズンのワーストゲームの一つでした。

ピッチ上では闘争心をむき出しにしてくる一方、ピッチ外では、だれからも慕われる心優しい兄貴です。自分はハジくんの優しさに甘えて、ためらうことなく〝タメ口〟で会話をさせてもらっています（笑）。

ワールドカップブラジル大会ではハジくん自身がメンバーから外れた中で、僕には祝福のメッセージを送ってくれたりして、どこまで良い人なんだろうって思いました。

いろいろな経験を積んできている選手なので言葉に重みがありますし、常にポジティブなメッセージを返してくれるので感謝しています。

２０１０年以降は、日本代表組の半数がドイツなど欧州でプレーしていて、切磋琢磨していました。日本人の力を証明するという意味でも、多くのやりがいがありました。

ブンデスリーガのハイライトで、ハジくんとか日本人選手がクローズアップされると、自分のことのように嬉しかったです。

その状況で何でも受け止めてくれるハジくんの存在は大きかったですし、あの笑顔は癒《いや》しになっていました。お互いに刺激し合って、支え合えた仲間なのかなと思います。

ドイツでの時間を経て、僕は今セレッソ大阪に戻り、ハジくんは地元クラブのザスパ群馬でプレーしています。天皇杯などで対戦する機会があれば、もう一度マッチアップしたいと思います。

２０２３年シーズン、ハジくんは出場機会が少なかったようですが、サッカーへの情熱は衰えていないと感じます。一見、クールに見えますが、気持ちの強さ、ハートの熱さは尋常ではありません。

ルックスとは真逆の負けず嫌いのファイターだからこそ、この状況を打破してピッチに戻ってくると信じています。

お互いの立場は違いますが、ドイツ、日本代表で共に戦った絆は決して褪《あ》せることがありません。ハジくんと一緒に戦った時間は僕の誇りです。

大野祐介氏

代理人＝アスリートプラス

選手としてステップアップしても誠実さは変わらない。

細貝萌とマネジメント契約を結んだのは、2008年の北京五輪の前でした。所属先の浦和レッズで、ギド・ブッフバルト氏やフォルカー・フィンケ氏などのドイツ人指揮官のもとでプレーしていたことから、彼自身、海外移籍に関心があり、将来的な海外進出を見越して弊社でサポートすることになりました。

実は、2006年ごろから声をかけていたのですが、細貝が慎重に物事を進めていたので、マネジメントを任せてもらうまでに2年の歳月を要しました。それも彼らしい判断と思います。

北京五輪前後から、レッズでスタートから出場する試合が増え、契約延長交渉を進める中で、2010年秋には日本代表に初選出されました。それを契機に海外クラブからの細貝への関心が高まり、来日したレバークーゼンのスカウトが11月27日の対川崎フロンターレ戦を視察して高評価してくれたようで、12月上旬にレバークーゼンと契約するに至りました。

ブンデスリーガはシーズン中だったこともあり、レバークーゼンからの期限付き移籍によってアウクスブルクでプレーすることになりました。私たちは事前にスタッフをアウクスブルクへ派遣し、環境や街並み、日本食レストランなどを調査。2011年の年明け早々に細貝とともにドイツへ飛びました。ブンデスに慣れるまでに多少の時間を要しましたが、アウクスブルクでの2年目、細貝は本来の力を発揮し始めてシーズンを通じて活躍。

3シーズン目にはレバークーゼンに戻って、一時期はレギュラー出場するなど実績を伸ばしました。

4年目もレバークーゼンに残ることは可能でしたが、代表クラスの選手が揃うチームでの出場機会を考慮して、ヘルタベルリンのオファーを受けることになりました。ヘルタベルリンは、アウクスブルク時代の恩師ヨス・ルフカイ監督が指揮したチームで、細貝への揺るぎない信頼に加えて、クラブからもしっかりとした評価をしていただけたことで移籍を決断しました。2013〜2014年のパフォーマンスは素晴らしく、振り返るとキャリアハイのシーズンだったと思います。気迫あふれるボール奪取から、ボールを持ち出して前線へスルーパスを送るシーンは秀逸でした。

ただ、残念だったのは2014年5月のワールドカップブラジル大会のメンバー発表で、ザッケローニ・ジャパンのメンバーから外れてしまったこと。2010年からずっとメンバーに入っていたので、代理人としては残念という言葉では片付けられない気持ちでした。本人は気丈に振る舞っていましたが、ショックは小さくなかったと思います。

最終的には2011年1月から2017年3月までの7シーズンをドイツおよびトルコでプレーしましたが、ドイツ国内での評価は非常に高く、どんな状況になっても必ずオファーが届いていました。彼の素晴らしさは、選手としてステップアップしても立ち居振る舞いがまったく変わらないところです。その誠実さと謙虚な姿勢が、細貝を成長させていったと考えています。

細貝は2024年にプロ20年目を迎えました。私自身は約17年間、細貝に寄り添ってきましたが、彼のステップアップによって、多くの景色を見せてもらいました。今は地元クラブであるザスパ群馬でプレーしています。ブンデスを中心とした海外での多くの経験を地元クラブに還元し、ピッチ内外でサッカーの魅力を伝えていってほしいと願っています。

第4章

時間と思考

「細貝萌」の血肉となった考え方

細貝萌は2024年シーズンで、プロ20年目の節目を迎えた。人生の半分以上の期間をプロサッカーに捧げたことになる。キャリアを積んでいく過程で、様々な一流選手との交錯があった。彼らから多くを学び、自らのスタイルを確立していった。

例えば、オフ日の過ごし方について。細貝は午前中に必ずクラブハウスに足を運び、ストレッチや体幹トレーニングをしながら、自身の身体と黙々と向き合った。将来の海外移籍を志し、時間を見つけては語学の勉強に取り組み、都内までトレーニングに通うこともあった。アルコールは口にせず、食事はバランス重視。自室は常に整理整頓され、遠征の荷物は、スマホに保存してある「持ち物リスト」で効率良くチェックする。スーツケース内の収納の配置も決まっている。財布の札は、すべて同じ向き。テレビのリモコン、スマホはいつも同じ場所に置く。几帳面すぎるようにも思えるが、決して極端な印象を与えないのは、持ち前のやわらかさのある〝愛されキャラ〟ゆえだろう。

一度決めたことは貫き通す。ピッチに入るのは左足から。待ち合わせは早めの行動を意識し、空き時間はのんびりと本のページをめくる。スケジュールはスマホで管理。それらを20年間ずっと続けてきた。「本気」を根気強く続けること。特定の行動を無意識的にできるまで習慣化することで、自身の力になっていく。また、身体のメンテナンスには時間と費用を存分にかけるなど、自分への投資を惜しまない。細貝は2024年1月に自身のオフィシャルサイトに、こう綴っている。

〈ここ地元群馬で、前橋で、サッカー選手でいられる意味を噛み締めながら、この20年目のシーズンを闘いたいと思っています。まずは選手としてピッチ上で自分の存在価値を示すことができるよう、自分の身体のメンテナンスはもちろん、日々努力し、準備していきたいと思います〉

細貝にとっては〝当たり前〟のことでも、客観的に見れば〝当たり前〟ではないこともある。彼の思考と行動から、長いキャリアを続けるヒントを読み解く。

細貝流タイムマネジメント

僕自身の行動や考え方については、それが僕の中では〝当たり前〟のことなので深くは考えたことはありません。20年のキャリアで一つひとつ積み重ねたうえで、今、ここに立っているのだと思います。

だから、これが正解だとかすべてだというわけではありませんし、その時々で変わっていくと思います。もし、読者のかたがたにとってヒントになることがあればうれしいです。

「時間」とは、上手に付き合うようにしています。どんなに優れたサッカー選手でも、どんなに優秀なビジネスマンでも、一日の時間は「24時間」です。お金は増えたり減ったりしますが、時間はすべての人に平等なのです。

サッカーでもプライベートでも、集合や待ち合わせの時間には、十分な余裕を持って出掛けるようにしています。「時間厳守」とか堅苦しいものではなく、自分自身が時間に追われることで、ストレスをためたくないのです。

だから、練習には最低でも2〜3時間前にはクラブハウスに到着するようにしていますし、プライベートの食事や会合などにも、できる限り早く到着するようにしています。

2024年1月時点で僕の住んでいる場所は、所属クラブのザスパ群馬のホームタウンで、僕の出身地でもある群馬県前橋市。自宅は、妻の実家のある千葉県木更津《きさらづ》市です。都内へ車で出掛けるときには、どちらから出発することになったとしても高速道路の渋滞などの可能性があって所要時間が予測できないので、かなり早くに出発します。

早く着いた場合は、目的地周辺のカフェや車内で読書をしたりしてゆったりと過ごしています。1時間以上前に着いてしまうことも多いのですが、「早すぎた！」とかネガティブに捉えるのではなく、「時間ができた！」とポジティブにしか考えません。

相手に迷惑を掛けたくないのはもちろんですが、時間ギリギリで慌ただしくなるのが嫌なのです。ただ、そうした考えを他の人に強要はしません。忙しい人もいるでしょうし、時間の考え方はそれぞれ。僕の場合、隙間時間に本を読んだりパソコンを開いたりするのが好きなのです。

アスリートとして睡眠もしっかりと取る必要があるので、一日7時間は眠るように心掛けています。最近はこのサイクルが自分に合っていると感じています。そうすると、起きていて使える時間は一日のうち17時間。活用可能な時間を考える「17時間のタイムマネジメント」が必要になってきます。

一日は24時間と考えがちですが、実際、使えるのは、その約3分の2。サッカー選手は現役としてプレーできる期間が限られているので、無駄にできる時間は正直ありません。まずは時間の大切さを理解すること。そして限られた時間を効率良く使って、自分自身の力に変えていくのです。

時間に関しては視点を変えると面白いと思います。24時間を「分」単位に換算すると1440分で、その1%は約15分になります。「一日の1%＝15分」と考えれば、15分の重要性もわかってきませんか？

15分はあっという間かもしれませんが、集中すればいろいろなことができます。一日1%の時間を確保する努力をすることによって、1年間で「5475分＝91時間＝3・8日」を得ることができます。一日のうちの1%と考えれば短いかもしれませんが、これを積み重ねると大きな時間になります。

シーズン中は、早めに練習場へ着いて、車の中で15分間ほど読書をしてからクラブハウスへ入ることもあります。単純にそれを4日続ければ1時間になります。1カ月（30日）続けると7・5時間。だいたい本4～5冊を読める時間になります。

勉強もそうだと思いますが、隙間時間の積み重ねが成果に結びついていくというか、自分の意識の仕方一つで有意義な時間に変えていくことができると思っています。

「1分」あれば何ができるのか

サッカーの場合は、「1分」がより重要になります。

試合の時間は前後半合計90分が基本ですが、ゴールキックやスローインのときなどゲームが再開されるまでの時間はボールが止まるので、ゲームが動きません。実際にボールが動くアクチュアル・プレーイングタイムは約60分と言われています。この数字を見ると、「1分」の大切さがあらためてわかってきます。

さらに、サッカー選手が一試合でボールに触れている時間は、多い選手で2分と言われています。僕は守備的MFでボールを握るタイプではないので、2分以下でしょう。こう考えればなおさら、1分の重要さを理解できると思います。

僕は、サッカーにおいて何も成し遂げていないと思っているし、時間について語れるほどの結果を残したわけでもありません。ただ一つだけ言えることは、時間をいかに使うかによって、自分自身が変われることを体感的にわかっているということです。

時間の使い方には、唯一の正解みたいなものはありません。答えは人それぞれ。だからこそ、自分が納得できるようなタイムマネジメントで、自分らしく日々の生活を送ることを考えたい。そのためにも、スケジュールの組み立てが非常に大切だと思っています。

サッカー選手は、試合日程によってトレーニングの時間などが決まるので、一般企業のような午前9時出社、午後6時退社などの「所定労働時間」は決まっていません。通常は午前中にチームトレーニングを行って、午後は体のメンテナンスや治療の時間に充《あ》てています。

また、チームによっては、午後に練習が組まれることもあるので、季節によって一日のスケジュールは変わってきます。だから、毎朝の一定の起床時間とか、ルーティンなどはありません。今の僕で言えば、年間通じて決まっているのは、朝早く起きたいという気持ちがあるくらいでしょうか。

シーズン中はサッカーに集中するので、プライベートで出掛けることは少ないのですが、イベントや会食などはオンラインのスケジュール管理ツールに入力して、自分のスマホ、タブレット、パソコンで共有しています。

日記もオンラインのアプリを活用して、日々の出来事や感じたことを記しています。今は毎日ではないですが、それでも週に3〜4日は思いついたときに打ち込むようにしています。公式サイトでは「ｄｉａｒｙ」を公開していますが、日記は完全にプライベートで、思ったことを書き留めています。

手帳式でもいいのですが、オンラインだと1〜2年前の日記でもすぐに見ることができるし、タグ（ラベル）をつけておけば検索することもできます。自分の考えの変化や成長を確認することができるので、何かあった時には時折振り返ったりもしています。

日記を記す理由の一つは、記憶を残すきっかけをつくっておきたいから。人の記憶には限界があるので、時間が経過すると忘れてしまうことが多いと思います。その出来事が起きた当時は些細なこととして捉えていたかもしれないですが、数年後にはそれが自分にとっての大きなターニングポイントになるかもしれません。また、楽しかったことは、純粋に残しておきたいと思うものです。

僕が日々の出来事を記録する一番の理由は、その日を振り返り、過去の自分自身と向き合う時間をつくっているということです。

夕食をとってからパソコンを開いて、一日を振り返ってみると、いろいろなことが思い起こされます。一日はあっという間ですが、タイムラインを追ってみると、コンテンツは結構多い。もちろん、良いことばかりではありませんが、一つひとつに向き合い、自分の考えを文字にしていく時間が、未来へつながっていくと思うのです。

「準備」こそが勝利への道

荷物には「こだわり」があります。サッカー選手と遠征は切り離せません。シーズンの試合のうちの半分はアウェイでのゲームになります。それに加えて、日本代表での活動やトレーニングキャンプなどもあります。

そのときの僕の荷物は、他の選手と比較して、間違いなく多いほうだと思います。選手によっては直前に詰め込む人もいるようですが、僕は事前にリスト化して、すべてをチェックしています。直前になって、あれがない、これがないでは落ち着かないので、スマホにチェックリストを保存して、いつでも確認しやすいようにしています。

まずは手持ちのリストを紹介します。「BOOK　4」とあるのは、本4冊のことです。スーツケースに2冊、手持ちのバッグに2冊の計4冊を最低でも持っていきます。スマホでニュースや動画を見たりする時間はもちろん多いと思いますが、ゆっくりと紙の本のページをめくる時間を大切にしたいと思っています。

ビジネス書や自己啓発書などを手に取ることが多いですが、本は自分の知らない世界を知ることができますし、単なる情報以上に得るものが多いと感じています。プロサッカー選手として20年目を迎えましたが、サッカー以外の世界を知る意味でも、本からの学びは大きいのです。


そして「財布」、日用品が入った「ポーチ」。それに次いで欠かせないのは、「足指グッズ」です。5本の足指の間に入れる健康ツールで、いつも寝る前やリラックスするときには装着しています。

さらに、飛行機やバスなど長距離移動時の「マスク」、ふくらはぎ用の「サポーター」「モバイルバッテリー」「iPadと専用充電器」「パソコンと充電器」「カスタムイヤホン」「AirPods」「時計（Apple Watchなど）」「ネックウォーマー」「香水」「ハンカチ」……これらが機内持ち込み用バッグに入れているものです。

僕は試合直前まで左手首に何かつけていないと落ち着かないので、ウォーミングアップ直前に時計を外して、試合前にはロッカールームで両手首にテーピングを巻いています。

スーツケースに入れているのは、まずは「部屋用Tシャツ」。遠征のほとんどは1泊なので

Tシャツは1、2枚あれば事足りるのですが、必ず4、5枚は持っていっています。

Tシャツのこだわりは、買ったときと同じ状態で持っていくこと。買ったときと同じような状態に畳んで、透明のビニール袋に入れて、スーツケースに入れています。ほかの人に言うと笑われることもあるのですが、それが僕のこだわりです。

そして「寝間着用Tシャツ」「寝間着上下」です。余談ですが、僕はホテルの浴衣《ゆかた》とかでは寝られなくて、自分のパジャマでないとしっかりと睡眠が取れないのです。ちなみに部屋着はすべて「VENEX」のリカバリーウェアです。

あとは「下着」「靴下」「Tシャツの下に着るインナー」、そして「サプリメント」「プロテイン」、あとは「ブランケット」や「お香」「小型ミキサー」などもあります。ブランケットもホテル備え付けではなく、自分のものしか使いません。お香は、ホテルでリラックスしたいときに焚《た》いてくつろいでいます。ミキサーは手持ち用の小さなタイプで、遠征先でフルーツジュースなどをつくっています。

そのほか「チーム移動着」「部屋用サンダル」「ホテル用スニーカー」「延長コード」。延長コードは、充電するアイテムが多いですし、ホテルによっては枕元に電源がないときもあるので、必ず用意しています。

サンダルやスニーカーは、必ず履き慣れたものを用意しています。

ピッチに入るのは左足から「今日も頼むね」と

荷造りのときにリスト表を見ながら持ち物を確認していって、すべてにチェックを入れ終わると気持ち的に安心できます。

スーツケース内の配置もほぼ決まっています。下着、Tシャツ、靴下、寝間着などの衣類は、すべて買ったときと同じようなビニール袋に入れてから収納。スーツケースに直に入れることはありません。買ったときとなるべく同じ状態にキープして遠征先へ持っていくのが僕のルール。こんなことをしている選手は、おそらく僕しかいないかもしれません（笑）。

整理整頓は自分のルールであって、他の人に強制したりはしませんし、人の荷物がいくらごちゃごちゃしていても気になりません。

ブンデスリーガのヘルタベルリン時代（2014年）には、元気（原口元気）と一緒にプレーしましたが、キャンプなどでは同部屋になることもありました。元気のスーツケースは、どちらが良いとかではなく、性格の違いがはっきり表れていたのを思い出します。

これは転戦先に持参するスーツケースに限ったことではなく、自宅の洋服ダンスも基本すべて同じハンガーで統一。Tシャツなどもきれいな状態で引き出しに収まっています。

家のリビングや書斎でも、モノの置き場所は決まっています。テレビのリモコンは常にローテーブルの上にあり、「テレビ画面に対して直角」に置いてあります。子どもが使うときは別ですが、僕がモノを置くときは、どんなものでもだいたい90度、１８０度にしていることが多いです。

そして、ピッチに入るのは、必ず左足から。右利きなのに左足にしているのは、キックのときの軸足だからです。左足に対して「今日も頼むね」と囁《ささや》きかけるような意味を込めています。

荷造りや整理整頓については、知人などから「細かくて大変だね」と言われることもありますが、長い間やり続けてきたことで、習慣というか僕の日常になっています。すべてはサッカーに集中するための準備なのです。

僕だけではなく、人は誰でもその人生において多くの経験を重ねながら、目に見えるものはもちろん、「目に見えない荷物」も背負っていくのだと思います。

僕はタイプ的に荷物をしっかりと整理するほうですが、大切なものの多くは捨てられずに、しっかりとしまってあります。少年時代からプロサッカー選手として国内外を渡り歩きましたが、メモリアルなものは実家に置いてあるし、絶対に捨てません。

「目に見えない荷物」は、気持ちの切り替えなどによって〝断捨離〟をしていますが、それでも自分の心に残るものはあります。そういう「荷物」は僕の心の中で背負っていくべきものなのかもしれません。

捨てたいものや記憶から消したいものはもちろんありますが、それでも捨てられないものはある。それは、決して良いものばかりではありませんが、それらの「荷物」を背負っていくのも自分らしい人生かなと考えています。

おもちゃのお札を財布に入れておく理由

僕自身、お金そのものについて執着するタイプではありませんが、お金を生み出す仕組みや、社会を変えていくビジネスなどには、とても興味があります。

性格的に指導者には向いていないと思うので、現在、コーチングライセンスも取得していませんし、将来的にコーチになることは考えていません。ただ、サッカー選手としてのキャリアは限られているので、セカンドキャリアを考えたときに、人のため、社会のため、そしてスポーツのために役立つ活動をしていきたいと思っています。

第4章

時間と思考

「細貝萌」の血肉となった考え方

お気に入りの財布には、金色のおもちゃのお札。金運を上げる方法の一つ。

最近、知人の池田工芸・池田宜興社長にお願いして特注の長財布をつくってもらったのですが、打ち合わせを重ねてクロコダイルの素材選びから始めました。数種類のクロコダイルを見て、どの部分を利用するかを相談。オリジナルの深い緑色の財布ができあがりました。中身は金と銀のパイソン。お気に入りの一つです。

ただ、僕はキャッシュレス決済を利用することが多いので、現金を使う機会はほとんどなく、財布にはお金をあまり入れていませんでした。

今では金運を上げる方法の一つとして、金色のおもちゃのお札を財布に入れたりもしています。風水とかに興味があるわけではないですが、財布の中身には誰よりもこだわっています（笑）。

あと、財布の中のお札は、きれいなお札を同じ向きに10枚ずつセットにして入れています。「お金はお金がある場所に集まってくる」らしく、実際には使わないので「見せ金」なのですが、財布の中に用意しています。

ただ、後輩たちと食事に出掛けたりしたときは、やっぱり最年長の僕が財布を開くことが多いですね（笑）。浦和レッズ時代には、伸二さんや啓太さんなどの先輩にたくさんご馳走してもらったので、そんな先輩がたが僕にしてくれたように、後輩、特に若い選手たちとの食事は定期的に行くようにしています。

年俸も大事だがピッチに立つことのほうが大事

プロサッカー選手の評価は、「年俸」に直接つながっていきます。ちなみに、ブンデスリーガの選手の平均年俸はJリーグとは大きな差がありました。

年俸以上に大きく違うのは、勝利給です。僕のブンデス時代で最も高かった契約での勝利給は、シーズンを通じて一試合500万円以上。当然、年俸は選手の評価ですが、試合に出ることで自分の価値が高まりますし、勝つことで勝利給につながっていきます。

試合への出場機会がなくても、契約上の違反でもない限り年俸分は全額支払われますが、選手としてはピッチに立つのが一番のやりがいです。僕の場合、ヘルタベルリンの2シーズン目に、自分を呼んでくれた恩師ヨス・ルフカイ監督が成績不振で解任となり、後任にハンガリー人のパル・ダルダイ監督が就任しましたが、それまではほとんどの試合で先発していたにもかかわらず、監督交代直後から出場機会どころかベンチ入りすることもほぼなくなりました。

紅白戦のときもゲームに入れず、練習開始直後に「先にシャワーを浴びて帰ってくれ」と言われたこともありました。でも僕ら数人を外すとチームの紅白戦ができなくなるので、ユースのアマチュア選手とかを連れてきていましたね。プレシーズンの時期にはユニフォームすら用意されていないときもあったので、もう無理だなと思い、これは移籍しなければいけないという感じでした。

お金のことだけを考えれば我慢すればいいのですが、やっぱり選手としてはお金だけではない部分があります。自分が置かれている状況の厳しさを自覚したせいか、原因不明の帯状疱疹が出始めました。両手両足の先端がひび割れ、症状が悪化して一時は入院することにもなりました。その不調は結局完全に回復しないままシーズンは終わり、翌シーズンにトルコへの移籍が決まったら症状が治ったのです。

トルコではシーズンを通じて試合に出場しました。トレーニング場は素晴らしく、クラブハウスには所属している選手一人ずつにホテルのような個室が割り当てられて、宿泊も可能な環境が用意されていました。食堂では食べたいものをつくってくれる環境です。

ただ、金銭面でのトラブルがありました。給料の振り込みが遅れることは頻繁にあり、未払いが数カ月にわたったこともあります。代理人の大野さんには、未払い交渉のために何度トルコに行ってもらったかわかりません。また、契約上は毎月振り込まれるはずの家賃補助金の一部が最終的に支払われませんでした。ドイツはかなりしっかりしていて、そういった話を聞くことはまったくなかったのですが、その他の国のリーグに移籍した経験のある選手たちからは、海外ではこの手のことが起こるとは聞いていました。僕の場合、家賃の補助の金額は合計で数十万円くらいでした。

クラブのスタッフにも相談していましたが、「その程度の額で気にするな」と言われました。トルコ人選手にとっては日常茶飯事なのかもしれません。ただ、数十万円もあれば、様々な使い方もできたのに（笑）。

キャリアは年を追うごとに積み上がっていきますが、もらえるお金は増える年もあれば減る年もある。それに、お金があるから幸せになれるわけではないし、信頼関係などお金では手に入らないものも少なくありません。それらを理解したうえで、今後もお金とはうまく付き合っていかなければいけないと思っています。

メンタルトレーニングで心を整える

「メンタルトレーニング」も導入しています。サッカーは、基本的に足とボールによる競技です。ただ、足を動かすのは自分、そして自分をコントロールするのはメンタルです。試合前に音楽を聴いたり、モチベーションを高めるための映像で気持ちを整えていくこともまたメンタルトレーニングの一環です。

若いころはガムシャラになれば、ある程度はプレーできていましたが、キャリアを重ねることに役割も変わってきますし、求められる立場も変わります。

メンタルに関しては、生まれながらにして何事にも動じない精神力を持っているという人もいますが、ほとんどの人は自分自身と戦いながら、試行錯誤を繰り返して生きていると思います。

サッカーはもちろん、人生だってすべて順風とは言えないから、僕自身も落ち込むことはたくさんあります。精神的な疲労やストレスが残っていると、良いパフォーマンスを発揮することができない。これはスポーツだけではなく、別の仕事でも一緒だと思います。

自分自身と向き合うためにメンタルトレーニングに興味を持ち、日本にいたときからメンタルトレーニングの指導を受けていましたが、ドイツでプレーするようになってから、スポーツメンタルトレーニング上級指導士の高井秀明さん（日本体育大学准教授）の指導を受けています。日本に帰国したときにもカウンセリングを受けていましたし、今でもオンラインで定期的に状況を伝えています。

トルコ・ブルサスポル時代の2015年、タイ・ブリーラムユナイテッド時代の2021年には、現地まで来ていただいてアドバイスを受けました。ブルサスポルのときは、僕がちょうど先発から外れてしまった時期で、試合やトレーニングに臨むメンタルを整えてもらいました。タイでは、僕自身がすい臓手術明けだったこともあり、体のケアなどを含めてトータル的に話を聞いてもらい、心身ともに復帰へ向けて動き出すためのサポートをしていただきました。

サッカー選手は、時に孤独です。チームメイトや仲間はもちろん、そばにいてくれますが、最後は自分自身の力で解決していくしかありません。メンタルトレーナーは、選手の心境や現状をしっかりと受け止めてくれて、研究や分析の知見に基づいた情報を提供してくれます。自分自身の可能性を広げてくれるようなイメージです。

メンタルトレーニングは、考え方の矯正、気持ちの切り替えの方法などを模索していくものだと僕は考えていて、トレーニングという言葉の通り、練習であり、訓練であるとも感じています。

指導士のかたは僕の心理的な現状を丁寧に聞き取ってくれて、それに対して「こういう考え方もあります」「別の視点から考えると良いかもしれません」などと様々なアドバイスをしてくれます。心理テストを取り入れることもありました。

物事に対してネガティブではなく、ポジティブに捉えていくようにするなど、訓練によって自分自身の考えを少しずつ変えていくことができるのだと思います。


直接的に施術するわけではないですし、施術の結果がデータに表れるものでもありません。でも、自分にとってプラスだと考えているし、何より自分自身が納得できて、その効果があったと体感できていることが、その証明だと考えます。

僕はメンタルトレーニングに限らず、どんなことでも「マイナスじゃない」と自分が考えるならばトライしてみたいと思うタイプです。いろいろなことに取り組み、今もたくさんの失敗もしています。それでも自分に合えば続ければいいし、合わないと感じたらやめればいいだけ。いくつかのヒントやアドバイスをもらう中で、自分が取捨選択をすればいいと考えています。

今、世の中は大きく進化していますし、スポーツの分野も幅広い研究が進められています。実際に自分で体験せずに判断してしまうのは、結果的に自分の可能性を狭めてしまうかもしれません。だから僕は、いろいろなことを知りたいと思うし、多くのことにチャレンジしているのです。

メンタルトレーニング以外にも、パーソナルトレーニングやメンテナンス（マッサージ）などにも時間とお金を費やしています。日本にいるトレーナーのかたに航空券や宿泊代を用意して海外まで来てもらったこともありますが、それらのコストは、すべて自分のパフォーマンスを高めるために必要なものです。

ビジネスでも事業に対して投資をしますが、アスリートにとっての資本は体。自分に対して、時間やお金をどれだけ投資できるか。時には、予算オーバーと感じることもありますが、自分が良いと判断したものについては躊躇《ちゅうちょ》しません。

成長のため、進化のため、維持のための投資は不可欠です。アスリートでいる限り、その考えは変わらないと思います。

涌井秀章投手は共にプロ20年目を迎えた

僕はサッカーの世界しか知りませんが、サッカー以外の多くの分野に友人や先輩がいて、皆さんの活躍や言葉から刺激をもらっています。僕自身もドイツでプレーした実績はあるかもしれませんが、過去にすがっていては何も得ることができないと思っています。自分以外のいろいろ人たちの実体験を聞いて、学び続けることが大切だと考えています。

サッカー以外のアスリートで、親交が深いのはプロ野球の涌井秀章投手です。今は中日ドラゴンズでプレーしていますが、かつて西武ライオンズでプレーしていたころに、プライベートの食事会がありました。僕と涌井は同じ年齢だったこともあり、それをきっかけに仲良くなっていきました。

僕は野球については詳しくないのですが、涌井は神奈川県の名門・横浜高校から西武ライオンズに入団して、すぐに長い最多勝のタイトルを獲っていて、投手としては一番名誉ある沢村賞（2009年）も受賞しています。競技は違いますが同じ年齢だったので、負けたくはないと思っていました。ただ、レッズで試合に出られるようになる前だったので、彼が遠い存在に見えました。

その後、僕が2011年にドイツへ移籍したため、なかなか会う機会はありませんでしたが、オフシーズンに帰国したときに、都内のセレクトショップで偶然に会ったりしてまた食事に行くようになりました。

僕が涌井に対して刺激を与えられたかどうかは別にして、僕は彼からかなりの刺激を受けています。出会ってから10年以上になるのですが、どんな状況に置かれてもブレない人です。

彼は球界のスターなので、僕はスポーツ新聞などを見て、彼の活躍をチェックしていました。結果が出ていないときには、「調子どう？」などと連絡すると、だいたい「結果は出てないけど調子は、いいよ」というメッセージが返ってきます。

プロの世界は結果で評価される厳しい世界ですが、涌井はその結果に左右されない強靭《きょうじん》なメンタルを持ち合わせている印象があります。

彼のピッチングを見ると自信がみなぎっていて、どんな状況でもクールにプレーしています。弱音を吐かないというか、常に平常心でプレーできる強さを備えているようで、何事にも動じない芯の強さを感じます。

忘れられないのは、2014年5月のワールドカップブラジル大会の日本代表選考です。僕はそのとき、ドイツ・ベルリンの自宅で体調を崩して寝込んでいたのですが、涌井からのLINEのポップアップで、代表メンバーに入れなかったことを知りました。落ち込んでいるであろう僕の心境を察して、「残念だったね」というメッセージを送ってくれたのだと思います。それも彼との良い思い出です。

僕と涌井は2005年にプロ入りして、今年でともにプロ20年目を迎えています。お互いべテランと呼ばれる域に達していますが（彼はベテランと思っていないかもしれませんが）、彼は野球にすべてを懸けていて、モチベーションや情熱は若いころと何も変わっていないと感じます。むしろ以前よりも情熱があるように思います。

今、勝利数が159勝と聞いていますが、200勝まで到達してほしいと思いますし、一人のファンとして、さらに輝きを見せてくれることを願っています。自分の力を信じてプレーする姿にはまったくブレがないと思いますし、今後もブレないでしょう。

それぞれの舞台は違いますが、涌井は常に僕の前を走っているアスリートで、大好きなライバルであり、大切な友人です。彼からパワーや刺激をもらい続けているので、いつか恩返しをしたいと思っています。

杉谷拳士はなぜか「顔が似ている」

プロ野球選手で他に親交があったのは、元日本ハムファイターズで、現在はスポーツキャスターなどマルチタレントとして活躍している杉谷拳士《けんし》です。4学年下のアスリートで、知人を通じて知り合いました。

ご存知の通り、その場を盛り上げるムードメーカーで、誰からも愛される人物です。サッカー界で言えば、僕の友人である元日本代表の槙野（槙野智章＝元サンフレッチェ広島、浦和レッズなど）のような明るいキャラクターです。
僕は、拳士と「顔が似ている」と言われたことがあり、実際に会ってＳＮＳにアップしたら、「似ている」という反応があったことも印象に残っています。

拳士は東京の高校野球の名門・帝京高校から、日本ハムの入団テストを受けてプロ入りしたと聞いています。スタジアムのアナウンスでイジられるお決まりのパターンで観客を沸かせる明るいキャラクターとして広く知られていますが、彼もまた努力を積み重ねた選手。僕は野球に関してあまり詳しくないですが、大事な場面で勝負強さを発揮するタイプだったと思います。
途中出場で結果を残すのは、サッカーでも非常に大変なことです。いつ来るかわからない出番のために、しっかりと準備して集中しておくことは、簡単ではありません。

拳士は２０２２年で現役を引退しましたが、スポーツニュースなどいろいろなシーンで活躍する姿を見せてもらっています。僕とはまったく性格の違うタイプですが、あの明るさとポジティブな姿勢には勇気をもらっています。〝似た者同士〟として、またゆっくりと話がしたいですね。

EXILE NESMITHの「常にホームで闘う気概」

芸能界では、EXILEのメンバー・NESMITH《ネスミス》くんと親しくさせてもらっています。友人でもあるのですが、むしろ、いちファンですね（笑）。妻の友人の紹介で知り合ってからは、一緒に食事へ行ったり、華やかな世界を見せてもらっています。彼は2022年末には結婚を発表したので、ご夫婦で食事にも行きました。

EXILEのライブにも行ったことはありますし、ネスくんがミュージカルに出演したりしているので、時間があれば観劇にも行きたいと思います。アーティストとして長年にわたって幅広く活躍しているのは、純粋にすごいと思います。

ライブに行って感じるのはサッカースタジアムとの違いです。サッカーにはホームとアウェイのサポーターがいて、お互いが応援し合うのですが、音楽ライブはすべてがホーム。アーティストがファンと一緒に一つのステージを創り上げていて、圧倒されてしまいます。

サッカーももちろん、両チームのサポーターが対戦の雰囲気を演出してくれますが、会場全体が完全なるホームというのは、僕が感じたことのない雰囲気なので、新鮮でとても刺激的でした。

サッカーは「勝利」「引き分け」「負け」の世界ですが、音楽ライブには引き分けや負けがありません。負けがないからこそ、常に勝利が求められるものだと思うのです。ライブ開催や演出には多くのかたがたが関わるので、チームとして同じ絵を描く必要があるだろうし、その中で勝利のみを追求していく作業なのかなと思います。その中で常に、ダンスや歌を磨き上げてアップデートしているネスくんには敬服します。

ナオトさん、SEAMOさんの楽曲に心境を重ねる

好きなアーティストの一人には、ナオト・インティライミさんもいます。一昨年には真司に誘ってもらって、一緒にナオトさんのライブに足を運びました。コロナ禍明けのライブだったのですが、一体感がすごくて感動的でした。ライブの素晴らしさをあらためて教えてもらったと思っています。2024年には、群馬県でライブもやるそうです！

また、SEAMO《シーモ》さんの曲はレッズ時代から大好きで、人生の岐路に立ったときや困難と向き合ったときに、何度も聴いています。『ルパン・ザ・ファイヤー』『Continue』『MOTHER』『マタアイマショウ』『MY ANSWER』など名曲ばかりなのですが、僕が一番好きな曲は『Cry

Baby』です。歌詞がすべてどんぴしゃで、もう何回聴いたかわかりません。
２００７年の曲なのですが、レッズでもがき苦しんでいたときに聴いて、当時の自分の心境を代弁してくれているようで、今でも大きな力をもらっています。このお二人とも連絡を取らせてもらうのですが、本当にパワーをもらっています。

同郷 back number は「人生のプレイリスト」

サッカー人生を支えてくれているのは、僕と同じ群馬出身の「back number」の曲です。僕は群馬県伊勢崎市でフットサル場「HOSOGAI FUTSAL PLATZ」を経営しているのですが、兄が責任者として運営をしてくれています。back number のボーカル・清水依与吏《いより》さんと兄が友人で、２０１５年のフットサル場オープン時には遊びに来てくれて、一緒にフットサルをして食事に行ったことを覚えています。

back number は当初、群馬県内でインディーズとして活動をしていて、２０１１年にメジャーデビュー。さらに、２０１５年には初のオリコンチャート1位を獲得したアルバム『シャンデリア』が大ヒットして、全国的なスターになっていました。

そんなころに依与吏さんがフットサル場に来てくれたのです。僕はヘルタベルリンからトルコ・ブルサスポルへ移籍するタイミングだったと思いますが、帰国しているときに依与吏さんに会えるという幸運に恵まれました。

群馬出身のback numberというバンドが注目を集めているということは僕も知っていましたが、ずっとドイツにいたので、日本の最新の音楽に触れる機会はなかなかありませんでした。それがフットサル場で一緒にボールを蹴って、依与吏さんの人柄にも触れることができた。以来、back numberの曲の数々は、いつも僕のそばにあります。

日本でCDを揃えてヨーロッパへ戻ると、それからの3シーズン、『高嶺の花子さん』『クリスマスソング』『繋いだ手から』などの名曲を、練習場の行き帰りの車の中で聴いていました。だから、back numberの曲を聴くと、ブンデスリーガ時代の自分がはっきりと浮かび上がるのです。

ベルリンやシュトゥットガルトの街で聴いたback numberの曲は、移り変わる景色がミュージックビデオのようで最高でした。

サッカーにおいては、いいときもあれば苦しいときもあります。優しさがコーティングされたような依与吏さんの声と独特の世界観、心の隙間にすっと入ってくるような言葉によって編み出された曲が、僕を支えてくれていました。

第4章

時間と思考

「細貝萌」の血肉となった考え方

ザスパクサツ群馬2年目の2022年開幕直後、3節の仙台戦で、僕は左足首を負傷し、脱臼骨折で全治6カ月の大怪我を負ってしまいました。

そのシーズンは個人的にもコンディションがベストに近く、これからさらにコンディションが上がっていくというときに戦線離脱してしまったので、ショックは大きかったです。チームメイトやファンの前では明るく振る舞っていましたが、もちろん落ち込む時間はありました。

そんなとき、依与吏さんと連絡を取っている中で、復帰に向けた曲をチョイスしてもらいました。

依与吏さんから推薦してもらった曲は、『スーパースターになったら』『平日のブルース』『エキシビジョンデスマッチ』など。僕はこれらの曲をあらためて聴き、復帰までの時間を過ごしました。

怪我から復帰して必ずサポーターのもとへ戻るという強い意志で、たくさんの音楽に助けられ、リハビリに励んでいたのを思い出します。

back number のキャリアを調べてみると、2004年にインディーズで活動を開始。僕も2004年の前橋育英時代にレッズの特別指定選手になったので、ほぼ同じスタートです。僕はスーパースターになれたとは思いませんが、back number、そして依与吏さんは、音楽の世界でスーパースターになった。back number の曲の数々は僕にとって「人生のプレイリスト」で、ずっと僕を見守ってくれるような気がします。

起業家、デザイナー……トップランナーたちからの刺激

いろいろな分野のトップランナーたちから学ぶ機会をいただいてきました。この直近では2023年夏、アイウェアブランド「JINS」を中心にビジネスを展開しているジンズホールディングスの田中仁社長（代表取締役CEO）にもお会いしました。

メガネ業界にイノベーションを起こしている田中社長は、僕と同じ群馬県前橋市出身で、実は中学校の大先輩です。以前からご活躍は知っていましたが、面識はありませんでした。

この本の打ち合わせのとき、田中社長がリノベーションした前橋市中心部のアートホテル「白井屋」併設の「ブルーボトルコーヒー白井屋カフェ」で、ライターさんと話していたところ、田中社長もたまたまこのカフェにいらっしゃいました。

失礼ながらあいさつをしたら、僕のことを知っておられ、気さくに会話をしていただきました。

僕自身はビジネスやファッションなどに興味があるので、アイウェアの市場にも強い関心が

ありました。田中社長の講演会に足を運んだこともあります。今はビジネスの世界を学びたいと思っています。

田中社長はビジネスで成功されたあと、地元前橋市の活性のために尽力していると聞いています。僕も立場は違いますが、サッカー選手として欧州で7シーズンにわたってプレーした経験などを、地元の子どもたちに伝えていきたいと考えています。

そのほか、10代のころからお世話になっている「ファミリー引越センター」の長嶺宏一社長、「ホワイトマウンテニアリング」デザイナーの相澤陽介さん、「昭和食品」の赤石貴正代表取締役社長、デニムブランド「デンハム・ジャパン」取締役社長の根岸洋明さん（前橋育英サッカー部の先輩）、「富士スバル」の斎藤郁雄代表取締役会長兼CEO、「ナルセグループ」の成瀬功三社長、「マルエドラッグ」の江黒太郎社長、「クマガイサポート」代表取締役の熊谷亮さん、「ケンズカフェ東京」オーナーシェフの氏家健治さんなど、多くの経営者のかたがたからたくさんのものを学ばせていただいています。親しいお付き合いをさせていただいている方々は、さらに広がって、皆さんとお会いすることだけでも僕は社会勉強をさせてもらっている思いです。

サッカーの世界を越えた僕らしい生き方を、皆さんとの関係から模索していきたいと思っています。皆さん、いつもありがとうございます。

感情の原因を紐解いていくと、すべては自分にある

サッカーに限らず、生きていくうえで困難は必ずやってきます。ここまでの自分のキャリアを振り返ってみても、浦和レッズ、ドイツ・ブンデスリーガ、トルコ・スュペルリーグ、柏レイソル、タイリーグなど、どの時代も厳しい道のりの連続でした。

何もないのが一番いいですが、何かに向かってチャレンジしていれば、絶対に壁にぶつかるものです。まずは、その壁を一つひとつ乗り越えていくのです。

僕は、すい臓腫瘍の発覚、手術などを経験しているので、何があっても大丈夫だと思われているかもしれませんが、やっぱりへこむときはあります。

ただ、壁にぶち当たっても落ち込むのではなく、壁をどう越えるかにフォーカスするのがいいと僕は思います。

自分のキャリアで言えば、ワールドカップブラジル大会からの日本代表メンバー落選、ヘルタベルリン時代の事実上の戦力外通告など、ここまで思い出すのも嫌な経験がたくさんありました。壁を乗り越える方法、ショックから立ち直る方法をストレートに教えられればいいのですが、僕はまだまだ未熟です。

日本代表メンバーから落選したときは、多くの友人やファン・サポーターからメッセージをいただき、僕もメッセージを返していました。ただ、やっぱりショックは大きかった。あそこでうまく切り替えられればいいけれど、自分の中で深く考え込んでしまい、とことん引きずっていたのです。

年齢と経験を重ねることで精神的に強くなってきた部分はありますが、自分はスイッチ一つで切り替えられるタイプではない。でも、それはそれでいいかなと。自分の未来へ向けて、良い体験になったと思えるようになってきました。

へこむことはありますが、いずれは時間が解決してくれる。だから、そういうときは、自分に嘘をついてまで強制的に気持ちを切り替えるよりも、目一杯ふさぎ込んで、時間が癒してくれるのを待てば良いのかなと今は思うようになりました。それも自分らしさの一つだと捉えて、前向きに考えるようにしています。

ザスパ群馬のチームメイトに風間宏希《こうき》選手がいるのですが、ご存知の通り、彼の父はドイツ・ブンデスリーガでプレーした元日本代表・風間八宏《やひろ》さん（元川崎フロンターレ監督など）です。

宏希とはふだんから一緒にいる時間が長く、家族ぐるみで仲良くしているので、よく話す機

会がありました。彼から教えてもらったのは、

「感情の原因を紐解いていくと、すべては自分にある」

という言葉です。父・八宏さんが宏希ら家族にそう言ったことがあるそうです。

サッカーに限らず、生活しているとうれしいこともあれば、悲しいこと、イライラすることなどがあります。そのときに感情的になった理由を〝分解〟していくと、自分自身の実像が見えてくるような気がするのです。だから、ストレスを感じたときなどは、なぜ自分がストレスを感じているのか、その原因は何なのかを冷静になって考えてみる。そうすることで、心が落ち着くような気がします。

感情を言葉にして砕いていくことによって、自分自身の心の構造が見えてくるように思うのです。

僕にとって、そうした〝分解〟をするためのバックボーンになるのが、日本をはじめ世界で20年にわたってプレーしてきたというキャリアです。自分の中でそのすべてに満足しているわけではありませんが、この歳月から得た思考や判断力は、僕の矜持でもあるのです。

宏希は周囲に向けてのネガティブな発言が少なく、人間性を含めて僕は彼から多くを学んでいます。

サッカーは、僕にすべてを与えてくれました。多くのファン・サポーターが応援してくれる

のも、多くのかたがたが支援してくれるのも、自分が「細貝萌」というプロサッカー選手であるからです。

2024年6月で僕は38歳になるのですが、人生の半分以上をサッカーに捧げてきました。今周囲にいる妻、アスリートからエンターテインメントの世界で輝いている友人、そしてファン・サポーターのかたがたなど、みんな、僕がサッカー選手だったから出会えたのです。仮に違う道に進んでいたら、皆さんと出会うことはなく、お互いに別の人生を送っていたことでしょう。

僕を取り巻くすべてのことは、サッカーが与えてくれた。僕はそのタイムライン上の世界線で生きることができているのです。サッカーを通じて成長して、今、ここにいる。キャリア20年目を迎えて、あらためてサッカーに感謝しています。

僕と娘の「一番の約束」

僕の娘・花乃は、偶然にも僕と同じ6月10日生まれです。日本で生まれて、3カ月が経ったころから一緒にドイツで生活し、今に至っています。そのとき僕はシュトゥットガルトでプレーしていたのですが、2017年3月にJリーグの柏レイソルに急遽、加入することになったので、娘はドイツ生活半年間で日本に戻ることになりました。おそらく、ドイツでの生活のことは覚えていないでしょう。1歳の誕生日は千葉県の柏、2歳はハワイ、3歳はタイ・ブリーラム、4歳はバンコクで誕生日を迎えていました。

子育てについては、基本すべて妻に任せています。僕は基本的に自分のペースで日々の時間を送っている気がします。


朝の時間に余裕があれば、娘の通学バスの停留所まで送っていきますが、なかなか子育ての時間が取れない時期ももちろんあります。家事をしないわけではないのですが、妻がしっかりしてくれているので、安心して任せることができるのです。

妻はこれまで、僕の移籍先すべてについてきてくれて、自分の仕事をセーブしたり、やりたいことを我慢して僕のサポートをしてくれています。彼女の支えがあるから、僕はサッカーに集中することができています。


正直、子育てについては僕が話せる立場ではないのですが、娘と約束していることが一つだけあります。それは、「ママを悲しませない」ということです。それは娘が小さいときからずっと伝えていることで、しっかりと理解してくれています。

たとえば、夏休みに妻の実家に帰省するとき、娘に「パパとの一番の約束は何だっけ？」と尋ねると「ママを悲しませない」と、まるで合言葉のように返ってくるのです。「○○をしちゃダメ」と言えば具体的かもしれませんが、「ママを悲しませない」は少々抽象的かもしれません。ただ、子どもなりに、ママを悲しませないことがどういうことなのかを考えてくれているようです。ただ、僕と娘のこの約束を、妻は知らないと思います（笑）。いつも二人だけのときに話しているから。

僕もそうでしたが、子どものころは、親の大変さがわからないものです。女の子だからこそ、ママの背中を見て育ってほしいと思います。

いたずらをしたり、わがままを言ったりして親を怒らせてしまう、そういうことはあって当然ですが、そこから何かを学んでほしいと思うのです。「ママを悲しませない」ことが、僕と娘の「一番の約束」。それが、サッカー選手である僕の今の子育てです。

将来的に現役を引退して時間が取れるようになったら、妻には何か恩返しをしなければいけませんね（笑）。

また、誰かを悲しませないということは、僕自身も強く意識していることでもあります。悲しんでくれる人というのは、間違いなく自分のことを想ってくれている人たち。家族、友人、チームメイト、そしてファン・サポーター。サッカー選手・細貝萌を支えてくれているかたがたに、悲しみではなく喜びを伝えていけたら、それ以上の幸せはないと思います。

ザスパ群馬での3シーズン目となった2023年シーズン、細貝は7試合の出場に終わった。開幕戦から5試合は先発出場したが、以降は出番が減り、シーズン終盤はスタンドで観戦する時間が続いた。だが、出場機会がめぐってこなくても、細貝の「日常」は変わらなかった。それまでと同様に、早くからクラブハウスに入り、黙々とトレーニングをこなす。休日も、練習場に足を運んでルーティンをこなした。細貝はこう話す。

「試合に出ても、出なくても、やるべき準備は変わらない。出る、出ないを決めるのは自分ではないし、それは20年間、自分の中で続けてきたことですから。日本、ドイツ、トルコ、タイの4カ国、どこに行っても同じでした。今の自分にとってサッカーは体の一部ですからね」

入念な自己管理をしながら、自分自身の可能性を追求する姿勢は、まさにプロフェッショナルだ。メンタルトレーニングやフィジカルトレーニングのほか、現在も英会話のプライベートレッスンや、ファイナンシャルスクールでの授業を受けるなど、自分への投資は惜しまない。

すべてはサッカーのため、自分自身のためだ。同じ時期にドイツへ渡った元日本代表FW岡崎慎司は「海外で長くプレーするのは簡単じゃない。ハジメは、どんな困難に直面しても、そこから逃げることなく、乗り越えていく強い精神力があった」と言う。

細貝が挑戦をし続ける限り、そのキャリアが色褪せることはない。そこは、だれも踏み入れることができない聖域なのだ。

相澤陽介氏

White Mountaineeringデザイナー

温厚さと貪欲さ。両面を備えるから欧州で成功した。

「White Mountaineering（ホワイトマウンテニアリング）」というファッションブランドを立ち上げて、スポーツウェアなどのデザインを手掛けているほか、モンクレールやバートンなどのブランドとコラボレーションをしています。

２０１３年ごろにアディダスの仕事を任されたときはドイツ・ベルリンに滞在していて、細貝君が出場しているヘルタベルリンの試合をスタジアムで観戦した思い出があります。そのときはファンとして観ましたが、今は縁があって交流を続けています。

細貝君とは、サッカー関係の知り合いを通じて知り合いました。細貝君のほうからコンタクトがあり、食事会を予定していたのですが、共通の知人が急用で参加できなくなって延期しようと思ったら、「迷惑でなければ、ぜひお会いしたいです」と返信があり、二人で食事をしたのが始まりです。サッカー選手なのですが、いろいろな分野に興味があり、新しい世界を知ることに前向きで、貪欲な姿勢が心に残りました。

日本代表で活躍し、ドイツ・レバークーゼンなどの名門でプレーした実績を持ちながらも、それらを誇示せず、謙虚に礼儀正しく教えを請う姿勢に、非常に好印象を受けました。その姿勢に私自身も感銘を受けたと同時に、元日本代表選手としてではなく、良き後輩として「また会いたい」と思いました。だから今も、公私にわたってお付き合いをさせてもらっています。

私はファッションデザイナーという肩書きですが、企業のブランディングをしたり、リゾートホテルのディレクションをしたり、大学で講義を持っていたりして、サッカー選手とは違った世界を見ています。

彼は、ファッションをはじめ、どんな分野にも関心が高く、少しでも疑問があれば尋ねてきます。私の情報が細貝君へのヒントになるのであれば、喜んですべてを伝えています。

私自身もイタリアやドイツで仕事をする機会が多いのですが、言葉や文化が違う世界で評価されることは、決して簡単なことではありません。日本人同士であれば言葉がなくても通じ合う〝阿吽《あうん》の呼吸〟がありますが、海外ではそれが通じません。

また、日本ではお互いに譲り合う文化がありますが、欧米では自己主張が評価される文化でもあるので、黙っていれば意見やアイデアのない人だと見られてしまいます。細貝君がドイツ、トルコの欧州で7シーズンもプレーしたのは敬服します。

ピッチ外ではベビーフェイスの温厚な紳士ですが、ピッチ上では闘志をむき出しにする潰し屋。両面を備えていることも、欧州で戦えた理由だと思います。

ファッションとスポーツの関係ですが、イタリアでは『GQマガジン』などの雑誌の表紙にサッカー選手が起用されていますし、インテルの公式ウェアはモンクレールが担当するなど、ファッションとサッカーは切っても切り離せない関係です。日本ではスポーツクラブのウェアはスポーツメーカーという考えがまだ主流ですが、Jリーグにもファッションブランドとの共生の波はやってくると思います。

細貝君はファッションにも精通していますし、サッカー界では知らない人はいません。彼が今後、どのような道へ進むかはわかりませんが、ファッションとスポーツ界をつなぐ架け橋のような存在になっても面白いと思います。

残された現役生活で完全燃焼したうえで、国内屈指のサッカーキャリアに加えてグローバルな視点、そしてファッションセンスを活かした活躍を期待しています。

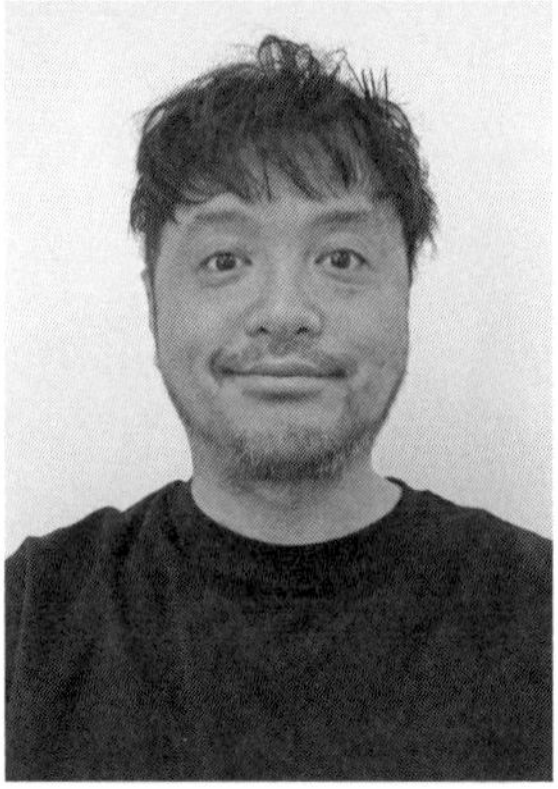

樋口昌平氏

担当マネジャー＝アスリートプラス

ふだんは紳士、ピッチでは荒くれ者の「ギャップ萌え」ですね。

細貝萌のマネジメントを担当し始めたのは２０１３年５月からです。当時、日本代表にも入っていたのでコンフェデ杯ブラジル大会前だったと思います。コンフェデ杯後に彼がブンデスリーガのレバークーゼンからヘルタベルリンへ移籍することになり、一緒にドイツへ渡って新天地でのスタートのサポートなどを行いました。

契約関係の交渉は代理人が担当するので、私の役割は選手のスケジュール管理や取材対応などのマネジメント業務に加えて、家族を含めた日常生活のサポートなどになります。選手としてしっかりと活躍するためには日常生活が土台となります。移籍が発生すれば新居も探さなければいけません。現地の日本人会との関係を構築したり、選手が生活しやすい環境を整えることも重要です。渡航する際に現地ではなかなか入手しづらい日本の食品を運んだりすることもありました。今はＪリーグでプレーしているので、日常生活に困ることはほとんどありませんが、頻繁に連絡を取り合っています。

萌の一番の魅力は「ギャップ萌え」です。ドイツ・ブンデスリーガ、トルコ・スュペルリグ時代は特に顕著で、ピッチ内外の姿が別人すぎて驚きました。普段は想像以上に温厚な彼が、ドイツやトルコの屈強な選手相手に闘志むき出しで向かっていくスタイルを観ていて、マネジャーながらエキサイティングな気持ちになりました。

特にブルサスポルに所属していたときのベシクタシュ戦で、ＦＣバルセロナにも所属していたことのある相手

FWのクアレスマ選手とマッチアップして一歩も引かず、前後半通じてやり合って、最終的には両者共に2枚目のイエローカードをもらって退場となった試合は痛快でした。日本の感覚では退場は褒められるものではないかもしれませんが、ブルサスポルのサポーターは細貝のプレーに大熱狂で、1シーズンしかプレーしなかったのにもかかわらず、今でもとても人気があります。決して大きくはない177センチ・69キロの身体で屈強な選手たちにも気持ちを出して立ち向かっていく。それがヨーロッパで7シーズンプレーできた最大の要因だったと思います。本当にふだんの萌の様子からは結びつきません（苦笑）。

ワールドカップブラジル大会での日本代表落選やヘルタベルリン時代に突然不遇を味わうなどの時期もありましたが、出現した壁に向かって乗り越えようと常に前を向いていました。困難な時期であっても、日常生活であっても準備を怠らない選手で、自己成長のためであれば金銭、時間面の投資は惜しみません。何事も彼自身で納得できるまで貫くタイプで、芯が強いというよりも芯が一本通った人間だと感じています。

年齢を重ねるにつれ、サッカー以外の部分でも交友関係が広がって、ビジネスやファッション界などの諸先輩がたから多くを学ばせてもらっているようですが、サッカーに関しては自分がやるべきことをしっかりと理解しています。ストイックに追い込んでいくので、マネジャーとしては「もう少し緩めてもいいんじゃない？」と助言を送ることもあります。性格は、極めて真面目です。落ち着いた環境が好きで、仲間と大人数でワイワイする感じではないですね。お酒も飲めないわけではないと思いますが、自宅でも社交場でもほとんど口にしません。また、時間にもかなり余裕を持って行動するタイプで、大事なイベントや会合には1時間以上前に到着していることが多いです。こちらも「萌が早く到着するだろう」と予測して行動するのですが、その予測を上回って早く着いているのがマネジャーとしての悩みです（笑）。

個人的にはピッチ外では「紳士」で、ピッチ上では「荒くれ者」であり続けてくれることを願っています。ベテランと呼ばれる年齢になり、今後はどこまで試合に絡んでいけるかはわからないですが、ザスパ群馬の発展のために必要な選手と考えています。経験を積んだ分、サッカーを多角的に見ることができるようになっていると思います。いろいろな角度から「細貝萌」というサッカー選手の魅力を伝えていってほしいと思います。

第5章

少年時代

世界で一番サッカーが好きになる方法

細貝萌は1986年6月10日、父・辰弘、母・恵子の三男として群馬県前橋市に生まれた。母・恵子によると、双子の兄の影響か、歩き出したころから負けず嫌いな性格だったという。3学年上の双子の兄・聡《さとし》と拓《ひろし》が地元サッカーチーム広瀬FCに入っていたことから、幼少時代からサッカーボールは身近にあった。兄たちと一緒に練習場に通うようになり、練習場の片隅でボールを蹴るようになった。兄二人に負けたくない。負けて泣き出すことはあったが、あきらめなかった。いつしかサッカーに夢中になっていた。父・辰弘は、萌を野球チームに入れたかったようだが、物心ついたときにはサッカーの世界で頭角を現していた。

兄たちの背中を追ってひたむきにボールを蹴っていた少年は、小学生時代にナショナルトレセンに選出されるなど、サッカー関係者の間で広く知られるプレーヤーになっていった。

小学生時代を指導した広瀬FCの片山高雄監督（現・前橋エコークラブコーチ）は、こう懐かしむ。

「小さいころからグラウンドに来ていたので、止める、蹴る、の基礎技術がしっかりしていました。小学3年生のときには、小学6年生の公式戦で起用し十分にプレーできていて、根っからの負けず嫌いでお兄ちゃんたちに食らいついていたのを思い出します。ナショナルトレセンに選ばれても謙虚で、真面目でひたむきな姿勢が成長につながっていったと思います」

中学時代は、群馬県中学世代の名門・前橋ジュニアへ加入し、さらに技を磨いた。中学3

年生の高円宮《たかまどのみや》杯ＪＦＡ全日本Ｕ－15サッカー選手権大会では、全国ベスト4進出。そしてＵ－15日本代表に選出された。

高校入学時は、Ｊユース、複数の県外高校サッカー名門から声が掛かりながらも、兄・聡がプレーした前橋育英を選択。山田耕介監督のもとで、心技体の進化を追求した。入学時は攻撃的ＭＦだったが、山口素弘氏や松田直樹氏ら元日本代表選手を見出してきた山田監督の慧眼《けいがん》によって、細貝はボランチへとコンバートされた。球際で激しくボールを奪い、前線へ展開していくプレースタイルは、高校時代に確立された。山田監督は「本人はトップ下でプレーしたかったと思うが、彼の本当の武器は球際の激しさと、ボールを奪い切る守備力だった。上のステージを考えたときに、ボランチで勝負させてあげたかった」と語る。

細貝は上州の地で、多くの指導者のサポートを受けてプロへの扉を開いた。夢中になってサッカーボールを蹴り、夢を描いていた少年時代を振り返る――。

野球の基礎体力のためにサッカーを始める

サッカーを始めたのは3歳のころです。僕には3歳上の双子の兄がいるのですが、兄たちは幼いころから地元の広瀬ＦＣに入っていました。広瀬ＦＣの片山高雄監督は、兄の同級生のお父さんでした。兄たち二人には、小児ぜんそくの発作が起こることがあって、父か母が必ず練習に付き添っていました。

僕は、家で一人になってしまうので、必然的に二人の練習についていく感じで、校庭の端でサッカーボールを蹴って遊んでいました。兄たちのユニフォーム姿が僕にはカッコよく見えて、僕も早く一緒にやりたいという気持ちでした。


正式にチームに入ったのは小学1年生のとき。父は野球が大好きで、僕には野球をやらせたかったみたいですが、野球チームは小学3年生からしか入団できなかったみたいで、野球チームに入る前に基礎体力をつけさせようと考えて、サッカーチームに入れたと聞きました。

小学校のグラウンドの反対側では、少年野球チームが練習していたのですが、父は僕らをサッカーチームに預けたあと、自分は野球を見ていたらしいです（笑）。兄たちがサッカーを好きでなければ、僕は野球をやっていたかもしれません。


僕が広瀬FCに入団したとき、兄たちは小学4年生になっていました。子どものころの3学年の差は非常に大きいのですが、当時の僕は同じチームに入ったので、対等にプレーできると思っていました。

身長や体重も全然違いますし、走るスピード、技術もまったく違うので、勝てるわけがないのですが、必死になって追いかけていました。競り合っても当然負けてしまうのですが、負けるたびに悔し涙を流していたのを覚えています。兄たちがいつも一緒にいて、兄のプレーを見ていたので、自分にもできると思い込んでいたのだと思います。

そんな僕に対して、兄たちはやる気をそがないように、うまく付き合ってくれていたのだと今になって感じます。

負けず嫌いな性格は小さいころからで、兄たち二人が誕生祝いをしてもらっているのを見て、「なんでケーキに僕の名前がないの！」と号泣していたみたいです。困り果てた母が、兄の誕生日には兄たちのケーキのほかに、必ず僕のケーキも用意してくれていました。だから、僕は自分の誕生日のほかに、双子の兄の誕生日も祝ってもらっていたので、一年間に誕生日が2回あったのです（笑）。

また、兄弟でお絵描きをしているときに、兄たちのようにうまく描けなくて、画用紙を放り出してしまったこともあったのだとか。それ以来、兄たちとは絵を描かなくなったと母から聞きました。今振り返ると恥ずかしい話ですが、良く言えば負けず嫌い、悪く言えば、わがままな子どもだったのでしょう（笑）。

病状が悪化した兄の分まで……

サッカー場では、常に兄たちがお手本でした。身近なところに目指すべき存在がいたことは僕にとって大きなことで、おかげで毎日、負けじと必死になって練習していました。

当時、自宅の周りは田んぼに囲まれていて、道路が突き当たりになっていたので、家の前には他の車が通りません。僕たちは、そこにカラーコーンを置いて、ドリブルの練習をしていました。

ただ、兄たちと比較して僕は技術が低かったので、ひたすらドリブルの練習をしていたのを覚えています。同じ時間だけ練習していたのでは追いつけないので、日が暮れるまで一人でボールを蹴っていたこともありました。

僕はサッカーが大好きでした。先に始めていた二人の兄たち同様にサッカーを好きになっていました。自分ほどサッカーが好きなやつはいないと考えるようになっていて、サッカーを始めて35年が経過した今でも、そう確信しています。試合に出られない状況になっても、「サッカーが一番好きなのは僕だ」と自分に言い聞かせるようにしています。サッカーが誰よりも好きだ、という自信が僕を強くしてくれているように思います。

第5章
少年時代
世界で一番サッカーが好きになる方法

僕は小学3年生から、兄たち6年生に混じって試合に出ていました。負けず嫌いで毎日必死になって練習していたので、兄たちと同じレベルでやれていると信じ込んでいました。その過程で、大きな転機がありました。

そのころ、兄・拓《ひろし》に小児ぜんそくの強い発作が出ていたのと、腎臓の病気が芳《かんば》しくないようで、お医者さんから「今後、激しい運動をしてはいけない」と言われたのです。拓は僕たち兄弟の中で一番うまかったので、本人はかなりのショックを受けたと思います。

それまで拓は、アニメ『キャプテン翼』のキャラクターで、病気によって時間限定起用されていた三杉淳くんのように、前半だけのプレーが許されていて、それでも結果を残していました。でも、病気が悪化したことで、サッカーを断念せざるを得なくなってしまったのです。

いつも一緒に練習していた兄の一人が、プレーできなくなってしまったのは、本当に寂しいことでした。

当時の僕は小学校2年生だったので、兄の病気のことを深く理解できてはいませんでした。ただ、年齢を重ねるに連れて、兄の置かれた状況がわかってきて、しかも兄は僕よりも才能があったので、この状況をどう思っているのだろうと、大人になればなるほど切なく思っていました。「兄の分まで僕がやらなければいけない」という気持ちが、僕の中で芽生えていったのです。

僕が7歳になる1カ月前に、Jリーグが開幕して、カズさん（三浦知良）やラモスさん（ラモス瑠偉《るい》）たちがスタジアムを盛り上げていました。その勇姿を見て、Jリーガーになるという夢がはっきりと浮かんできました。兄たちと一緒にヴェルディ川崎（現・東京ヴェルディ）や横浜マリノス（現・横浜F・マリノス）、鹿島アントラーズ、そして日本代表の試合を、テレビにかじりつくようにして見ていた記憶があります。

兄・聡はサッカーを続けましたが、拓は小学校5年生でサッカーを辞めざるを得ませんでした。ぜんそくの他に腎臓も悪く、入退院を繰り返していた時期もありました。拓の病気は先天性のものだったので、なかなか症状が落ち着かず、20歳のときに母から腎臓移植を受けました。今は元気に生活していますが、両親は本当に大変だったと思います。兄二人は僕をずっと応援してくれていて、今でも一番近いサポーターになってくれています。

「一番サッカーが好きなのは僕だ」という確信

僕が最初に入った広瀬FCは少人数のチームだったため、小学5年生のときに他のチームと合併して前橋南FCになりました。広瀬FCの片山監督は、僕にとってはすごく厳しくて、妥協を許さない指導者でした。

例えば、ポゼッション（ボール保持）の練習で、他の選手はフリータッチなのですが、僕だけワンタッチやツータッチを求められて、「なんで僕だけ難しい練習なの？」と不満に思ったこともありました。僕への期待があって高いレベルを要求してくれていたのかもしれませんが、小学生ではなかなかそこまで汲み取ることはできませんでした。

その後、時間が経つにつれ、ワンタッチやツータッチの大切さが理解できるようになりました。早くから片山監督による厳しい指導を受けたおかげで、高いレベルで必要な判断や技術が自然に身についていたのです。

チーム合併前後まではＦＷでプレーしていましたが、そのあとにトップ下にコンバートされました。どちらも攻撃的なポジションなのですが、得点以外にアシストを決める、スルーパスを通す心地よさに目覚めて、１列下がったポジションでプレーするようになっていったのです。

小学６年生のときは県トレセン、関東トレセンで評価されて、ナショナルトレセンメンバーにも選ばれました。小学校時代にナショナルトレセンに選ばれても、中学時代にＵ－15日本代表に入っても、高校時代に各世代別代表に選出されても、この中でサッカーが一番好きなのは自分だ、と思うようにしていました。

しっかりと練習をしていた自負がありましたし、心の中で「このメンバーの中で一番サッカーが好きなのは僕だ。だから代表に選んでもらっているし負けるわけがない」と自分に言い聞かせていたのです。

小学6年生のときは関東トレセンからナショナルトレセンに入っていました。中学3年生のU－15日本代表から高校のU－16、U－17、U－18まで、すべての世代別で代表に選ばれていました。

いろいろな選手が全国から集まってきた中で、ナショナルトレセンやU－15日本代表からずっと一緒だったのは、アキ（家長昭博選手＝川崎フロンターレ）です。当時はサッカー関係者の間で「関西に家長というすごい選手がいる」という噂が流れていました。

実際に一緒にナショナルトレセンなどでプレーしたときは、やっぱり彼はすごくて、これまでで最高レベルの衝撃を受けました。家に戻ってきてからはメモ帳に「打倒！　家長」とペンで書いて、自分の学習机の上に貼っていました。

当時は、僕も攻撃的なポジションで、アキとは役割も似ていたので、彼に対する強いライバル心が芽生えました。

「あいつが細貝だ」名前が売れ始めたジュニア時代

前橋南ＦＣでは、群馬県内最大規模の大会であるミルクカップ（ＧＴＶ杯少年サッカー大会）で優勝するなど、個人のレベルアップだけでなくチームで勝つ喜びを味わうことができました。

ミルクカップの試合後には、全国高校サッカー選手権群馬県予選の決勝戦、前橋育英対前橋商業が組まれていて、僕はスタンドから夢中になって試合を見ていました。

当時の前橋育英では、松下裕樹《ゆうき》さん（元サンフレッチェ広島、川崎フロンターレなど。現・前橋育英コーチ）や佐藤正美さん（元横浜FCなど。現・ザスパ群馬強化部）などがプレーしていて、迫力とレベルの高いテクニックに圧倒された記憶が残っています。

あの試合を見て、「絶対に前橋育英へ行きたい」と思いました。その翌年に兄・聡が前橋育英に入学して、僕は兄から高校サッカーの空気感を教えてもらい、前橋育英でのプレーを中学時代からイメージしていました。


中学時代は、群馬県の強豪チーム・前橋ジュニアに加入しました。前橋ジュニアでのレベルの高いトレーニングが自分の基礎を固めてくれたと感じています。小林勉監督が指導していた前橋ジュニアは、大野敏隆さん（元柏レイソル、東京ヴェルディなど）や田村雄三さん（元湘南ベルマーレ、現・いわきFC監督）らを輩出した名門で、僕の1学年上には清水慶記《けいき》さん（元大宮アルディージャ、ザスパ群馬など）がいました。

余談になりますが、小林監督は、その後、桐生第一を指導して、2022年秋からはなでしこリーグ・バニーズ群馬FCホワイトスターを指揮しています。

僕が小学生時代に、大野さんは前橋商でプレーしていて、高校卒業後に柏レイソルに入団しました。僕は小学校の文集で「大野選手のようにプロになって、柏レイソルでプレーしたい」と書きました。大野さんは僕に大きな夢を与えてくれた群馬の先輩です。


前橋ジュニアでは、一学年15人前後の少数精鋭というチーム編成でした。ナショナルトレセンなどで感じた課題を、前橋ジュニアのトレーニングで克服して、また世代別の大会などでその実践としてチャレンジできるという好循環でした。

代表などの合宿では必ず毎朝、散歩をして気持ちを整えたり、コンディションを確認したりするのですが、それはチームに戻ってからも自分のルーティンとして続けていました。全国の中学生年代のトップレベルを知っていたので、現状には満足できませんでしたし、高い目標へ向かって努力していきました。

中学時代から、相手チームの選手に「あいつが細貝だ」と言われることも多かったので、プレー面だけではなくピッチ外でも「世代別代表」にふさわしい行動を心掛けていました。

U－15日本代表で初めて「日の丸」を着る

中学3年生のときには、高円宮杯JFA全日本U－15サッカー選手権大会の県大会、関東大会を勝ち抜き、全国大会へ進むと、優勝までは届かなかったものの、ベスト4に入ることができました。

その結果などもあり、U－15日本代表選出へつながっていきました。当然、初めての「日の丸」になるのですが、日本代表のユニフォームに袖を通したときは気持ちが引き締まりました。代表キャンプでユニフォーム一式が用意されていたときは、純粋に日の丸のユニフォームを着た姿を両親や兄に見せたいと思いました。

日本代表のユニフォームを初めて手渡されたのは、U－15日本代表のフランス遠征でした。日本国内で選考合宿が行われて、後日招集されたU－15日本代表メンバーでフランスへ飛び立ちました。僕にとっては初めての海外遠征です。モンテギュー国際大会というユース年代の伝統的な大会に参加して、現地の趣のある郊外リゾートコテージがキャンプ拠点でした。

到着した夜のミーティングで、ユニフォームと練習着一式が準備されていました。U－15日本代表ですが、フル代表のユニフォームと同じなのでやっぱり興奮しました。そのときはみんなでユニフォームを着て、記念撮影をしたのを覚えています。

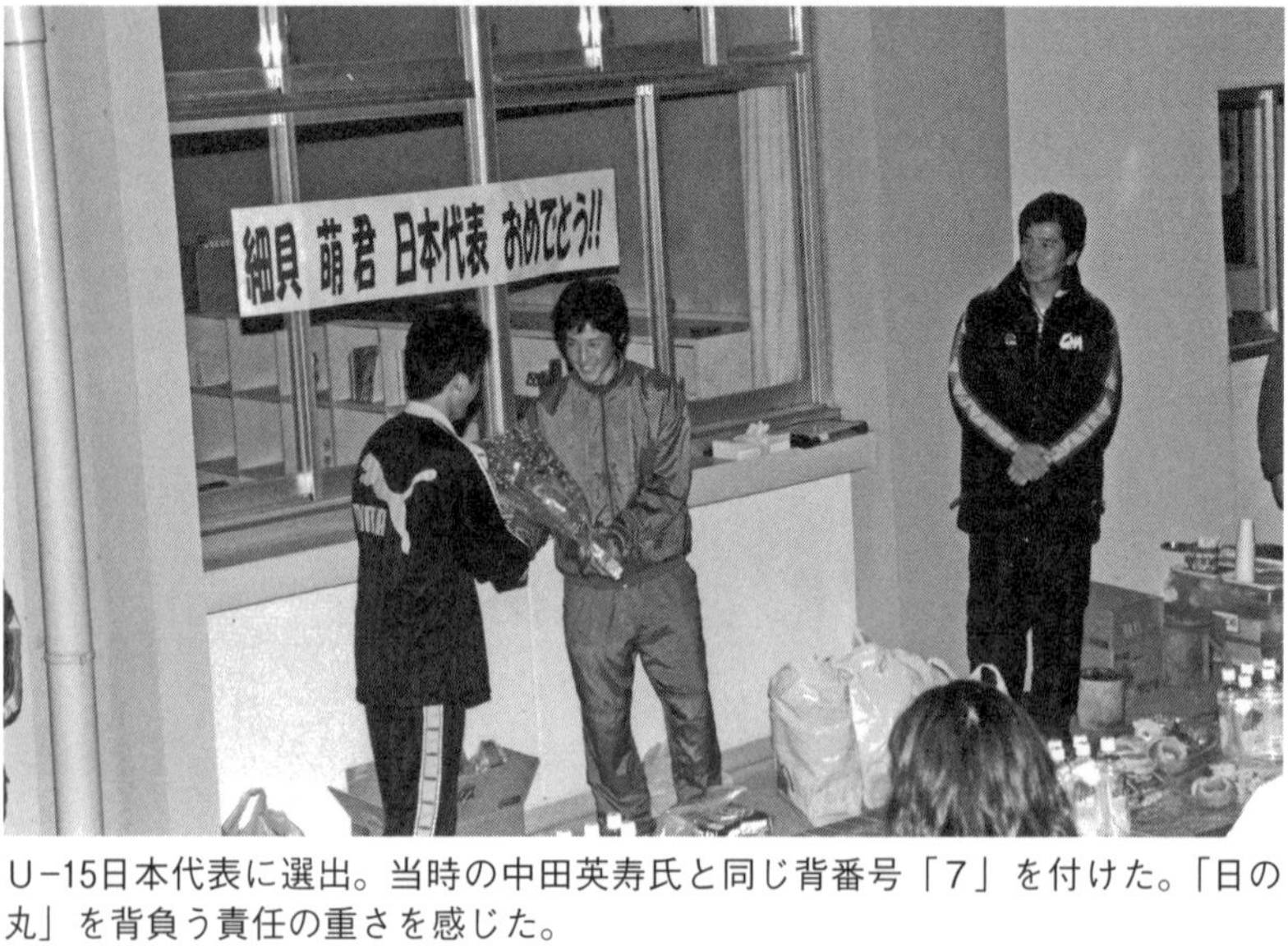

U−15日本代表に選出。当時の中田英寿氏と同じ背番号「7」を付けた。「日の丸」を背負う責任の重さを感じた。

僕の背番号は7番。当時のフル代表の7番は中田英寿さんだったので、ヒデさんと同じユニフォームだと思うと余計にうれしかったです。買ったユニフォームではなく、サッカー協会から支給されるものなので、なおさら価値を感じました。「日の丸」を背負って戦う責任の重みを感じましたし、将来的にフル代表に入って日本を牽引する選手になりたいと強く思いました。それが僕の世代別代表の始まりで、そこからU－16、U－17、U－18日本代表へとつながっていくのです。

そして、U－15日本代表では再び、アキと一緒に戦うことになりました。僕やアキが参加したU－15日本代表のフランス遠征では、ポルトガル、フランス、カメルーンと対戦しました。

確かポルトガル、フランス、カメルーンは、U－16とか一つ上のカテゴリーだったのですが、内容的にも結果的にもボロ負けした記憶があります。0対5とか0対6の完敗で、僕らは世界のレベルを肌で感じて落ち込んでいたのですが、アキだけはヨーロッパ勢にも堂々と勝負していました。

一人だけ格上のカテゴリーで通用している印象で、そんな彼を見ていると、僕は自分自身のプレーを情けなく感じましたし、普段の練習から世界を意識しなければと痛感しました。

サッカー界には早熟な選手もいるので、世代別代表の選手がそのまま残っていくことは稀《まれ》かもしれません。

当時のU－15日本代表メンバーで、今もJリーグでプレーしているのは僕とアキ、飯倉大樹《ひろき》選手（横浜F・マリノス）くらいでしょうか。

アキは2010年のスペイン・マジョルカへの移籍を皮切りに、計3シーズンを海外でプレーしていました。僕と同じ時期にヨーロッパにいたので、ずっと注目して見ていましたし、当時は僕のように海外移籍はドイツが多かった中で、スペインを選択したのも彼らしいと思ったのを覚えています。

その後はJリーグでプレーしていますが、今も川崎フロンターレで主軸として活躍している姿を見ると、中学時代の記憶が蘇ってきます。

Jリーグの通算試合は481試合（2023年終了時）で、2024年シーズン中には、500試合に到達すると思います。これだけ長い間、第一線で活躍し続けるのは簡単なことではありません。今も勝手にライバルと思って、刺激をもらっています。

SNSなどによって遠い場所にいる者同士でも親しく交流をすることができますが、僕が中学校、高校のときは今ほどSNSは発達していませんでした。それでも常に、京都府のアキ、愛知県の青ちゃん（青山直晃選手＝岐阜バモス）、赤星、広島県の前田俊介選手、静岡県の狩野《かのう》健太選手、福島県の髙萩《たかはぎ》洋次郎選手、神奈川県の天野貴史選手たちと連絡を取りながら、互いを励まし合い、切磋琢磨していました。

くじけそうになったときも、日本各地にいる彼らが支えてくれました。全国各地のライバルたちの姿を思い浮かべて自分自身のエネルギーに変えていったのです。

僕にとって世代別代表は、全国レベルで自分の立ち位置を確認する場所でした。高校とは違い、代表は次に呼ばれるかどうかわからない状況なので、1回の合宿が生き残りをかけたテストになります。新しい選手が次々に加わってくる中で、自分も進化していかなければ置いていかれてしまいます。

全国からトップレベルの選手が集まってくる状況で、そのレベルを確認して、次の代表合宿までに自分をアップデートしていく作業を続けました。ユース世代を通じて同世代の日本のトップレベルを知ることができ、技術をインストールできたことが自分を成長させてくれたのだと思います。

サッカー人生を変えた前橋育英でのコンバート

U－15日本代表メンバーに選ばれていた僕には、中学卒業時点でいくつかのクラブや高校からお声掛けをいただいていました。横浜F・マリノスユースなどのほか、県外の高校サッカー名門からも誘いがありました。

ただ、僕の心は決まっていました。兄・聡がプレーしていた前橋育英サッカー部。兄を通じて山田耕介監督の話を聞いていたからです。

兄は自宅でいつも前橋育英の練習や、山田監督の指導などについて聞かせてくれました。前橋育英の黄色と黒色のタイガーカラーのユニフォームへの憧れは昔からありましたし、兄がプレーしているチームなので、迷いはありませんでした。

小学校に入る前から、ずっと双子の兄たちの背中を追い続け、サッカーに関しても一番近くにいるお手本でした。ドリブルやキックをするのも兄たちを真似て一生懸命に練習しましたし、兄がいたからサッカー中心の生活を送ることができたのです。

山田監督は、僕が生まれる前の1982年に前橋育英にやってきて、サッカー部の監督になったと聞いています。ゼロからチーム強化を図って、元日本代表の山口素弘さん（現・名古屋GM）、松田直樹さん（元横浜F・マリノスなど）など日本サッカー界のレジェンドたちをJリーグへ送り出してきました。

前橋育英は1999年、2000年度に全国高校サッカー選手権で2年連続ベスト4へ進出して、全国屈指の強豪として知られるようになっていきました。僕は、3学年上の兄・聡と入れ替わりで、2002年度に前橋育英に入学しました。

前橋育英では新たな出会いがありました。U－15日本代表のチームメイトだった青ちゃんが、愛知県から越境して前橋育英に入学することになったのです。青ちゃんからは、事前に相談を受けていたのですが、まさか一緒にプレーするとは思ってもみなかったし、彼自身、多くのJユース、高校名門から声が掛かっていたのに、地元から遠く離れた前橋育英を選択したのには驚きました。

青ちゃんは「プロになるために前橋育英を選んだ」と話してくれました。強い覚悟を持ったプレーヤーが近くにいたことで、僕自身にも気合が入りました。彼は世代別代表でも一緒にプレーし、同じ経験を共有したことによって、それらの経験をチームに還元することができました。こうした肚《はら》の座った選手が周りにいたことも、このチームが人的にも恵まれた環境だったのだと思います。

僕にとって前橋育英でのターニングポイントは、間違いなくコンバートにありました。小学校、中学校までトップ下などの攻撃的なポジションでプレーしてきて、ナショナルトレセン、U－15日本代表に選ばれていたので、高校に入っても攻撃的プレーヤーとして勝負する気持ちでいましたし、攻撃の選手としてプロへ行くことしか考えていませんでした。

高校1年生のときからトップチームに加えてもらっていたこともあり、守備的な役割ではなく攻撃的な役割を求められていると思っていました。それに僕自身、守備が好きではなかった

前橋育英でCBへのコンバートを経験して、サッカーの奥深さを知った。

し、守備をする必要もないとまで思っていたところもあり、失点したら守備陣の責任だと思って、自分は攻撃のことだけを考えていたのです。

そんなある日、ミーティングの場で山田監督が「サッカーは攻守一体だ。このチームには守備をしない選手がいる」と話していて、最初は何のことかわかりませんでした。そのくらい攻撃しか考えていなかったのです。

守備をしない選手と山田監督が指摘していたのは、実は僕でした。山田監督は「お前は攻撃的な選手ではなく、守備的な選手だ。一番のストロングは攻撃ではない。対人、球際の強さと切り替えの速さだ」と諭《さと》してくれました。

得点にも絡んでいましたし、「攻撃面を評価してくれたから、前橋育英に誘ってくれたんじゃないの？」と、僕は疑問しかありませんでした。

僕が持っていた自分自身のイメージは、背番号10番をもらって、トップ下でボールを受けて、ファンタジスタ的な、いわゆるトップ下の選手でゴールを演出するというものでした。僕にもプライドがあったし、攻撃が好きだったので、当然、「なんで？」と思いました。きっと態度にも出ていたと思います。

でも、山田監督から何度も丁寧に伝えられたことで、自分の中でも役割というものの意味が整理されていきました。

サッカー選手に限らず、たとえば、自分が考えている〝色〟と他の人が見ている〝色〟が一致しないことはあると思います。山田監督は、僕自身がまだ気づいていない自分の〝色〟をいち早く察して、最善のアドバイスをくれたのだと思い至りました。それによって自分自身のプレースタイルを見直すきっかけになったのです。

日本サッカー界のレジェンドで、多くのファンに愛された松田直樹選手も、もともとはＦＷで前橋育英に入ってＣＢにコンバートされたと聞いています。その意味でも山田監督の〝目〟は本物なのだと思います。

それに、山田監督も現役時代はボランチだったみたいで、かつての自分の姿を僕に重ねてくれたのかもしれません。当時の僕は攻撃がしたかったので、納得のいかない部分もありましたが、ボランチのポジションでバランスを取りながら、ボールを奪って前線へ展開する役割の重要性を理解していきました。

サッカーの奥深さを知ったのもこのころだと思います。僕がこれまで思い描いていたプレーのスタイルではなかったのですが、ボランチというポジションは予想外に自分にフィットする感覚を得ることができました。

自分のストロングポイントはどこにあるか

僕は、U－16、U－17、U－18日本代表に選出されていたので、代表合宿と高校のトレーニングを行ったり来たりする生活でした。また高校2年生から3年生に上がる春にはレッズのオーストラリアキャンプに参加させてもらったので、帰国後には高校に在籍しながらJリーグの試合に出場できる特別指定選手に登録されました。

当時は、サテライトリーグ（Jリーグの控えメンバーによるリーグ戦）があり、プロの世界に慣れる意味と、自分のレベルアップのために、サテライトリーグへの出場を申請してもらう形になっていました。このときに指導してくれた柱谷哲二さん（サッカー解説者、元日本代表）との出会いも、僕にとっては大きかったと思っています。

高校3年生の春は、代表、レッズ、高校サッカーのスケジュールでびっしりと埋まって、とにかく忙しかったのを覚えています。学校に戻ってきたときは代表やレッズでの精神的な疲れもあり、昼休みなどは仮眠をとったり、教室で一人ゆっくりとしている時間が多かったと思います。

山田監督からは、「疲れがあるのも理解できるが、学校で仲間と一緒に過ごす時間を大切にしろ」ときつく言われたのを覚えています。僕が孤立しているのではないかと気遣ってくれたのでしょう。

サッカーのために休んでいると思っていましたが、サッカーは一人で戦うスポーツではなく、チーム競技です。自分からチームメイトに歩み寄ることの大切さを、山田監督は僕に教えてくれたのだと思います。

世代別代表には、次々と攻撃的な選手が入ってきて、中学のU－15からメンバーが刷新されました。僕が攻撃的なポジションのままだったら、生き残ることができなかったとあらためて思い知らされました。山田監督は、世代別代表や世界で通用する可能性のある僕自身が気づけていなかったストロングポイントを入学当初から見出してくれていて、プライドをくすぐりながらコンバートしてくれたのだと深く理解しました。

守備的プレーヤーにコンバートされたことで、結果的にレッズ時代にギド・ブッフバルト監督、ホルガー・オジェック監督、ゲルト・エンゲルス監督、フォルカー・フィンケ監督に評価され、ブンデスリーガへの海外移籍へつながっていきました。


一つだけ言えることは、もしあのとき、僕が前目のポジションにこだわって守備的なポランチへのコンバートを拒否していたら、今の「細貝萌」はなかったということです。おそらく今とは違った道へ進んでいたことは間違いないと思います。

球際の強さ、切り替えの速さと危機察知能力という武器があったからこそ、レバークーゼン、アウクスブルク、ヘルタベルリン、シュトゥットガルトなどブンデスリーガで選手としての時間を過ごせたのだと思います。

僕のスタイルを見極めてくれた山田監督には、今も深く感謝しています。生まれ変わっても、もう一度、前橋育英でサッカーをしたいと思っています。

山田監督に全国制覇を見せられなかった

僕は代表などで多くの経験を積んできましたが、全国高校サッカー選手権の群馬県予選のプレッシャーは、そうした経験の中でも想像以上に大きなものでした。

当時の前橋育英は、大事な試合の前にチームの一体感を高めるため、旅館で合宿を行ったこともありました。練習や食事などを含めて、前橋育英は非常に恵まれた環境だったのですが、大会前の合宿でのプレッシャーはとても大きなもので、まったく眠れませんでした。

僕は世代別代表に選ばれていたことで、少なからず注目される立場にありました。試合会場に到着してチームバスを降りると、他校の選手やメディア、高校サッカーファンの皆さんの視線が集まるのを感じました。

その状態で合宿に入るのですが、当時17歳、18歳だった自分にとっては、そのプレッシャーを楽しむ余裕はありませんでした。

試合前日の宿舎では、チームメイトと一緒に枕を並べる大部屋だったことも多く、試合のことを考えるとまったく眠れませんでした。夜中に一人廊下に出て気分を落ち着かせたり、みんなが寝静まったあとに携帯電話で親に電話をして心を落ち着かせたりしていました。

両親は、僕が眠れないのをわかっていてくれたので、夜中まで起きていてくれて電話の相手をしてくれたときもありました。空が明るくなるまで眠れない時間が続くと、それが焦りとなって心身ともにダメージとなりました。選手権などの大会は、夜中の3時前に眠れることはほぼありませんでした。

高校2年生のときは、先輩に小林竜樹《たつき》さん（元湘南ベルマーレ、現・ザスパ群馬アカデミーコーチ）、北村仁さん（前橋育英コーチ）たちがいて、全国高校サッカー選手権に出場しました。1回戦で優勝候補である愛知県の四日市中央工と対戦して1点を先制しましたが、追いつかれるとそのままPK戦へ突入して、前橋育英は惜しくも負けてしまいました。

高校3年生の群馬県予選は、僕と青ちゃんがU－18日本代表に選出されていたほか、亜土夢《あとむ》（田中亜土夢選手＝元アルビレックス新潟、現ヘルシンキ）も在籍していて優勝候補と言われていた中で、自分たちのサッカーがまったくできず、群馬予選の準決勝で前橋商にPK戦で負けてしまい、全国の舞台には届きませんでした。

僕自身、最後の高校サッカー選手権に懸けていましたし、自分たちの代で前橋育英初の全国制覇を目標としていたので、ショックは大きかったです。

僕らの高校サッカー世代では、星稜（石川）の圭佑、鵬翔《ほうしょう》（宮崎）の慎三（興梠《こおろき》慎三選手）、藤枝東（静岡）の赤星、滝川二（兵庫）の岡ちゃん、国見（長崎）の渡邉千真《かずま》、鹿児島実業（鹿児島）の敬輔（岩下敬輔選手）たちが、注目選手に挙がっていました。

僕は、世代別代表などで彼らと顔を合わせていたので、よく知っていたし、なおさら彼らを倒して優勝したかった。選手権でタイトルを獲ってプロ入りすることを本気で狙っていたので、本当に悔しかったです。群馬県予選ではもちろん、戦力的には前橋育英が上だったと思いますが、戦力だけが全てではないサッカーの難しさを痛感して、高校サッカーを終えたのでした。

年末に高校サッカー選手権が開幕したころ、僕はレッズ入団へ向けて気持ちを切り替えていました。

前橋育英を卒業してから20年が経過しましたが、山田監督は今の選手たちにも僕の話をしてくれているそうです。山口素弘さん、松田直樹さんたちのレジェンドと呼ばれるかたたちと一緒に、僕のことを伝えてくれているのは光栄です。

山田監督は、僕のプレーを見て、僕が考えている以上の特長を客観的に見出してくれて、僕をJリーグへ送り出してくれました。山田監督によって、若いうちに自分の武器を把握できたことが、プロフェッショナルとして生きていくためのプロローグになった気がしています。

あっという間に駆け抜けた高校3年間は、かけがえのない時間になりました。

誰よりもサッカーを好きでいてほしい

僕自身、今もまだまだ成長したいと思い、サッカーを学んでいる立場です。他の選手たちと比較しても、特別誇れる実績があるとは思っていませんが、プロサッカー選手を目指す小学生、中学生、高校生に伝えたいことは「誰よりもサッカーを好きでいてほしい」ということです。どんな競技も同じだと思いますが、そのスポーツを好きになればなるほど、もっと上手になりたい、もっと知りたいと思うのではないでしょうか。多くのポジションを経験することでサッカーの奥深さがわかりますし、多くのコーチから指導を受けることによって、サッカーの多様性も理解できていくと思います。

コーチの方々それぞれから多くのアドバイスをもらうことと思いますが、最後に判断するのは自分です。自分で答えを出せるように、日々考え、学び、前進していくことが大切です。

どんなに優れた選手でも一日は24時間であり、練習に費やせる時間は限られています。サッカーが上手くなるのに近道や魔法はありません。日々の練習時間をいかに大切にして、残りの時間を有意義に使うことしか、上達する方法はないと思います。

僕は誰よりもサッカーが好きで、それ相応の努力を惜しまなかったつもりです。だから、つらくても頑張ることができました。それはレッズに加入してから今でも変わりません。

プロサッカー選手になってからも、試合後にはそのまま一人で都内のパーソナルジムへ行って、トレーニングをすることもありました。五輪代表や日本代表の選手たちと比較しても、「自分が一番サッカーが好き」と思っていましたし、彼らに負けないために練習を積んできた自負もありました。

サッカーが本当に好きだったら、簡単にはあきらめないし、食らいついていくことができます。「継続は力なり」という言葉がありますが、好きだからこそ続けることができるし、好きだから限界まで努力することだってできるのだと思います。

サッカーの上達より大事なのは人としてどう生きるか

少年時代を振り返って感じるのは、指導者に恵まれたということです。

広瀬FCの片山監督は、サッカーの面白さと基礎を教えてくれました。

前橋ジュニアの小林監督は、のびのびとプレーさせてくれながら、高いレベルの技術とプロへの土台を固めてくれました。

そして、前橋育英の山田監督は、「人間的成長なくしてサッカー選手としての成長なし」という哲学のもと、学校生活も含めて厳しく指導してもらいました。また、僕が一番輝けるであろうポジションを見極めてくれました。

小中高の3人の指導者は、それぞれのカテゴリーで必要なことを僕に身につけさせてくれて、次のステージへ送り出してくれました。チームとしての勝敗はもちろん重要ですが、次のカテゴリーや将来を見据えたうえで指導してくれたことが、僕にとっての大きな財産になりました。

前橋育英時代に関して言うと、山田監督がチームの結果だけを考えていたとすれば、代表やレッズでの特別指定への参加も制限して、チームでのトレーニングを優先させることもできたでしょう。

でも山田監督は、代表、レッズキャンプ、他Ｊクラブへの練習参加などに関して、すべて快く僕を送り出してくれました。そして、学校では授業も教わっていたので、学業の部分でも甘い部分があれば厳しく指導してくれました。

僕は、世代別代表に入ったり、Ｊクラブに練習参加、オリンピック強化指定選手にもなっていたので、知らずに慢心が生まれていた部分もあったと思います。山田監督はそれに気付くと、しっかりと指摘してくれて矯正してくれました。

当時は、僕も世代別代表でレギュラー出場しているプライドも少なからずあったと思うので、態度に出てしまうこともあったと思います。今となっては感謝しかありません。

僕たちの代では県予選で負けてしまって、全国高校サッカー選手権に出場することができず、恩返しをできなかったことが心残りです。山田監督は就任36年目の２０１７年度に悲願の全国制覇を達成しました。僕は当時、柏レイソルに所属していたこともあって、大会中に可能な限りスタジアムに足を運びました。山田監督の功績に敬意を表すと共に、高校時代の指導が脳裏に浮かびました。振り返ると、あのころの自分は今とはまた違う輝きをしていたかもしれません。

これまでたびたび触れてきたように、僕は高校を卒業してレッズに加入してプロの世界へ進みました。プロに入れば、アマチュアの世界とは違って、生き残りをかけたサバイバルレース。レッズの最初の指揮官は、元ドイツ代表で世界的レジェンドのギド・ブッフバルト監督でした。当然ながらルーキーの日常生活などは関心がなく、サッカー以外で指導されることはあまりありません。

山田監督のように日常生活から目を光らせてくれる人はいませんし、すべては自分しだいです。さぼっていても、日常生活で緩みがあっても、そこまでは怒られません。でも、その代わり、誰も守ってはくれないし、自分が積極的に動かなければ生き残ってはいけない。そもそも僕が加入した当時のレッズには、日本代表クラスの選手がずらりと揃っていて、ＯＮとＯＦＦの切り替えもうまく、自己管理ができない選手などはいませんでした。

サッカー選手は、試合に出ている90分だけで勝負しているのではありません。90分、もしくは途中出場の限られた時間で、いかに自身の力を最大限に発揮するか。そこには、試合以外の24時間のタイムマネジメントと、自分を律する「自律」の力が求められると思います。

僕はサッカーが好きで、周囲に比べて多少はサッカーが上手だったのかもしれませんが、前橋育英時代の僕には人間的に未熟な部分がいっぱいありました。

山田監督からこんなことを言われたことがありました。

「サッカーがうまい？　だからどうした？　大事なのは人としてどう生きるかだ」

プロ20年目を迎えた今、その言葉の意味がより深くわかってきた気がします。

僕がここまで成長できたのは、自分一人だけの力ではありません。幼少時代に一緒にボールを蹴ってくれた双子の兄たち、僕のサッカー生活をずっと支援してくれた両親、小中高の監督、コーチ、チームメイト、そして応援してくれたすべてのかたがたのおかげで、こうしてプロサッカー選手として20年という長い時間を、日本、ドイツ、トルコ、タイなどでプレーすることができています。

「指導」という言葉の意味は、「教え、導く」ことだそうです。僕にサッカーを教えてくれて、プロサッカー界に導いてくれたすべての人たちに感謝しています。

フットサル場から新たなサッカーの胎動を

僕は、多くの指導者の支援によってプロの世界へ進むことができましたが、現時点で僕自身が指導者タイプとは思っていません。自分のプレーについては明確に説明できるのですが、周囲に強く言えるタイプではないし、向いていないんじゃないかと思います。

選手によっては、現役引退後に次世代の選手たちにサッカーの魅力や技術を教える人も多いですが、僕はまた違った形でサッカーを広めて、地域へ恩返しをしたいという気持ちがあります。その一つとして、2015年6月に群馬県伊勢崎市にフットサル場をオープンしました。

当時、僕はドイツ・ブンデスリーガのヘルタベルリンに所属していて、トルコ・スュペルリグのブルサスポルに移籍が決まる前でした。ドイツなどヨーロッパでは、芝生の公園で多くの子どもたちがサッカーをしています。そのような光景を見てきたので、子どもから大人まで気軽にサッカーを楽しめる場所を地元の群馬県に一つでも多くつくりたかったのです。老若男女を問わず気軽にプレーできるとなれば、サッカーもいいけれどフットサルのほうがいいと思い、フットサル場をつくることにしました。

フットサル場の計画が立ち上がったときには、周囲のかたから「収益を考えるのであれば、都内でやるべきだ」というアドバイスを多くいただきました。群馬県と比較して、都内はサッカー人口が絶対的に多いですし、スクールの月謝やコートのレンタル料にも差があります。ビジネスとしてだけ考えれば、都内や首都圏が良いのは理解していますが、僕はそれでは意味がないと思ったのです。地元以外の選択肢はありませんでした。

ザスパ群馬のメインスポンサーの一社であるベイシアの西部モール店（伊勢崎市宮子町）の屋上を借りて、国際規格に準じたサイズの人工芝のフットサルコート2面を整備して、「HOSOGAI FUTSAL PLATZ（ホソガイ　フットサル　プラッツ）」をオープンしました。

自分は群馬で育って、群馬の指導者のかたがたにプロサッカー選手として育ててもらったので、地域に恩返しをしたいという思いを強く持っています。ここでプレーした子どもたちがボールを蹴ることを好きになってくれたら、そして将来的にサッカーやフットサルを好きでいてくれたら——それが一番の願いです。

「HOSOGAI FUTSAL PLATZ」は、兄・聡がマネジャーとしてマネジメントをしていて、数人のスタッフと一緒にスクール、大会などを実施しています。その他、各世代のフットサル大会「HAJIME CUP」も企画しています。

僕が海外でプレーしていたときは、シーズンオフにしか顔を出せなかったのですが、今は地元のザスパ群馬でプレーしているので、空いた時間にはできるだけフットサルコートに足を運ぶようにしています。

子どもたちが一生懸命ボールを蹴って、コートを走っている姿を見ると、フットサル場をプロデュースして良かったと実感します。

フットサル場の名称「PLATZ《プラッツ》」は、英語の「PLACE」で、ドイツ語で「広場」「空

「HOSOGAI FUTSAL PLATZ」は故郷・群馬県への恩返しの一つでもある。

間」という意味があります。協力してくれたかたがたと一緒に考えて、最終的に僕が決めました。

施設完成から8年が経過していますが、子どもから大人まで多くの人たちが訪れて、サッカーを楽しんでくれています。

また、サッカースクールでは、年中・年長クラスから小学1～3年生、小学4～6年生の子どもたちが目を輝かせながら、コーチの指導を受けています。頑張っているスクール生たちの姿を見ると、自分の幼少時代を思い出しますし、今の自分への刺激にもなります。オープン時に通ってくれていた小学校高学年の選手も今では大学生になり、低学年の生徒は高校生になりました。

ビジネスや運営面で見れば、課題はも

ちろんあります。２０２４年のお正月明けには、スタッフ全員でＺＯＯＭミーティングの場を設けて、みんなで話し合いました。僕もビジネスに関しては未熟なので、まだまだ手探りですが、子どもたちの笑顔がすべてだと考えています。今後さらに笑顔が増えていくように努力したいと思っています。

どんな状況でも、サッカーを楽しむことが大切。僕自身も、子どもたちからサッカーの原点をあらためて教えてもらっている気がします。この「広場」から世界へ挑戦する選手が出てくれることを願っています。

母・恵子は、細貝の性格を「どこまでも真面目で、優しくて、不器用」と表現する。真面目、優しさはピッチ外の言動からも溢れ出ているが、不器用な部分は見えてこない。だが、母の瞳にはいつも、愚直で不器用な息子の姿が映っている。兄たちの背中を追い、夢中になってサッカーボールを蹴った少年は、不器用だったからこそ自分の道を貫けたのかもしれない。

広瀬ＦＣ、前橋南ＦＣ、前橋ジュニア、前橋育英というチームで成長を遂げ、世代別代表の中心選手となった細貝には、多くのＪクラブのスカウトが関心を示し、試合会場や練習場に足を運び、細貝を視察に来た。２００４年のＪリーグ1stステージの１位は横浜Ｆ・マリノス、２位はジュビロ磐田、３位は浦和レッズだったが、細貝のもとには、この上位３チー

ムすべてからオファーが届き、その他のクラブからも数多くのオファーがあった。

そして、最も過酷な道の一つでもあったレッズへの入団を、自らの意志で選択した。群馬が育てた、頑固で不器用なサッカー小僧は、大きな夢を携えて赤のユニフォームに袖を通すことになった。

岡崎慎司さん

⚽シント=トロイデンVV　FW

ハジメのようないぶし銀プレーヤーはもっと評価されるべきだ。

ハジメと僕は、お互いに高校卒業後にプロ入りした同期になります。ハジメは前橋育英時代から世代別代表に呼ばれていましたが、僕は高校時代（滝川二）に代表入りしたことがなかった。ハジメは雲の上の存在でした。噂で「マエイクにタフな代表選手がいる」と聞いていました。面識はなかったのですが、初めて対戦したのが2005年のルーキーイヤー、天皇杯決勝のエスパルス対レッズ戦でした。僕はプロ初先発だったのですが、ハジメはCBとしてすでにプレーしていました。その後、五輪代表で一緒になって、親しく話すようになっていきました。

ハジメとの親交が深まったのはドイツでした。2011年1月の同じタイミングで、僕はシュトゥットガルト、ハジメはレバークーゼンと契約してアウクスブルクへ加入しました。日本代表のアジアカップ優勝のあとも同じ便でドイツに戻りましたし、本拠地が近かったので、食事に出掛けたり、普段も電話で連絡を取ったりしていました。最初はなかなかチャンスがもらえず、同じような境遇だったので、ハジメの存在はありがたかったです。

ブンデスリーガでも対戦しましたが、危機察知能力が非常に高い選手で、僕（FW）へのパスをカットするポジションにいるので、ハジメには得点チャンスを何度も消されてしまいました（笑）。

僕はFWで、ハジメはボランチですが、自分の強みを活かすという意味では、選手としてタイプ的に似ている

Photo by Daisuke Akita

と感じていました。香川真司がテクニックを前面に出していた中で、僕らはできることを愚直に追求し、自分たちらしく泥臭いプレーでドイツのピッチに立っていました。チームは違いましたが、ハジメのような選手がいたことが心強かったです。

だから、彼が名門レバークーゼンに戻ったときは、同じ日本人として誇らしく感じました。僕はプレミアリーグのレスターで運良く優勝することができましたが、ビッグクラブでプレーしたことはありません。ハジメのキャリアを本当にリスペクトしています。

僕が伝えたいのは、ハジメのプレーはドイツで非常に高い評価を得ていたということです。ハジメのようないぶし銀のプレーヤーは、もっと評価されるべきだと強く思います。ワールドカップブラジル大会のメンバーに選ばれなかったことで、日本では過小評価されているように感じていました。世界で戦うにはハジメのような闘争心と強さを持った選手が必要だと考えています。

僕もハジメもプロ20年目のシーズンを迎えています。ハジメは地元チームのザスパ群馬でプレーして、僕はベルギーのシント＝トロイデンVVで戦っています。このクラブにも若い選手がどんどん入ってきていますが、「まだ若い選手には負けない、自分のほうができる」と自身に言い聞かせてプレーしていました。

移籍マーケットでも若い選手のほうが価値はありますが、そこは僕の意地です。ハジメはすい臓の手術を乗り越えて、今も現役を続けていますが、同じ気持ちなのではないかと考えます。僕がこの先、日本に戻ることがあれば、ぜひ対戦したいと思います。

いつかはお互い現役から離れることになるとは思いますが、僕はサッカーしかできない人間なので、この道に残ると思います。ハジメはいろいろなことに興味を持っているので、サッカーだけに留《とど》まらないと思います。ハジメとは苦しい時間をともに乗り越えてきた同志でもあります。チャンスがあれば一緒に活動できたらと思います。

（引退発表前、２０２３年10月・談）

槙野智章氏

元日本代表、解説者

僕が奥さんを笑わせたのが、安産につながったみたいです（笑）。

ハジメくんは1学年上の先輩です。人間的にものすごく優しいですし、後輩の面倒見も良い選手です。寂しがり屋の一面もありますが（笑）、頼り甲斐のある先輩でした。

同じチームでプレーしたことはないのですが、世代別代表で顔を合わせていたことに加えて、２０１０年末のドイツ移籍のタイミングが同じだったこともあり、仲良くさせてもらっていました。代表遠征では、常に僕の部屋にいたような気がしています。

ドイツでは僕がケルンで、ハジメくんがアウクスブルクだったこともあり、距離的に遠くてなかなか会うことはできませんでしたが、頻繁に連絡を取っていました。僕がケルンで試合に出られない時間が長く、サッカー面で相談に乗ってもらっていたのを覚えています。

２０１２年夏にはハジメくんがレバークーゼンに移籍しました。レバークーゼンは工場街で居住地が少ないため、ほとんどの選手たちは隣街のケルンに住んでいました。ちょうど僕がケルンを離れて浦和に入るタイミングだったので、僕が住んでいたマンションにもハジメくんが内覧に来ました。最終的にはほかの物件を選んだようですが、公私ともに協力していました。

２０１１〜２０１５年には、僕らを含めて多くの日本人が海外移籍をしましたが、ハジメくんは所属チームでレギュラーを死守していた数少ない選手で、中盤でボールを奪って、ゲームをコントロールしていくファイターでした。海外チームの屈強な相手を潰せる日本選手は多くなく、技術はもちろん、闘志みなぎるプレーはドイツでも高く評価されていました。

ドイツで僕は実質1シーズン8試合しか出られませんでしたが、ハジメくんは7シーズン約120試合もプレーし、レバークーゼンでも活躍しました。ブンデスリーガで日本人選手の評価を高めたプレーヤーの一人であることは間違いありません。英語でもドイツ語でもしっかりとコミュニケーションが取れて、ピッチ外でも信頼関係を築いていたように感じました。

ハジメくんが日本に戻ってきてからは、家族ぐるみで食事に出掛けたり、楽しい時間を過ごさせてもらっています。娘の花乃ちゃんが生まれる1週間前にもハジメくん夫婦と食事に行って、僕が奥さんを笑わせていたのですが、その笑いが順調な出産につながったそうです（笑）。

僕はプロ17年で引退を決断しましたが、ハジメくんは2024年でキャリア20年目を迎えています。その期間でドイツ、トルコ、タイの海外で10年弱を過ごしています。僕らが体験できない多くの経験をハジメくんは積んでいますし、すい臓の病気で苦しんだ時期もありました。今は地元Jクラブに所属していますが、それらの経験を多くの人たちに伝えていってほしいと思います。

37歳という年齢を迎えても、これまでと変わらない熱意でサッカーに向き合っているハジメくんを見ると、僕にとってても大きな刺激になります。サッカーだけではなく人生の友人として、彼のキャリアをこれからも応援していきたいと思います。

第6章

ホームタウン

初めてサッカーが好きになった場所へ

細貝萌が群馬に帰還した。地元でプレーするのは、細貝の積年の思いだった。2021年5月のタイリーグのシーズン終了後、細貝のもとにはタイ国内の複数のクラブおよびそのほかの海外クラブからのオファーが届いていた。同年6月下旬、ザスパ群馬関係者も細貝と話し合いを持つなど、獲得の意思を伝えていた。その後、細貝のもとにはJクラブから関心の声が届くようになっていく。

細貝自身、そのときはまだ拠点がタイ・バンコクにあったことから答えは出ず、交渉は平行線をたどっていた。ただ、細貝はすでにバンコクユナイテッドを退団していたため、フリー扱いだった。移籍ウインドウ規定には関係ない状況である。2021年夏、細貝は日本へ帰国し、都内や千葉を拠点にトレーニングを再開していた。群馬県伊勢崎市でサッカースクールを運営しているため、8月末には現地を訪れて子どもたちと交流を図っている。

細貝の生活が落ち着いた中で、ザスパとの交渉が再び始まり、シーズン終盤での合意となった。基礎トレーニングはこなしてきたものの、実戦からは半年以上も遠ざかっているため、コンディションを戻すのは簡単な作業ではなかった。だが、細貝は持ち前のストイックな姿勢でトレーニングに励み、復活を遂げた。ザスパ群馬加入に際して、細貝はこうコメントしている。

「群馬出身の選手として自分が地元のクラブの歴史に加わることができることを非常に光栄に思うし、これまでに様々なクラブで自分を成長させてくれた出会いがあったように、チーム、地域に良い影響を感じてもらえるような存在になれるよう努力していきたい」
サッカーというパスポートとともに世界を渡り歩いてきた細貝。故郷という「新天地」で新たな「旅」が始まった。

日本復帰、柏レイソルへ

Jリーグ復帰のチャンスは、突然やってきました。2016〜2017年シーズンはブンデスリーガ2部のシュトゥットガルトでプレーしていました。チームメイトには、日本代表の浅野拓磨選手（プレミア・アーセナルからの期限付き移籍）がいました。

しかし、シーズンが開幕してまもなく、僕は試合中の右足ふとももの強い打撲から無理をして肉離れを発症してしまい、戦線離脱。さらに練習中の接触で右足小指を骨折して、出場機会が少なくなってしまいました。

ドイツとトルコで計6年半を戦い、年齢は30歳になっていました。何かを変えたかったですし、何かを劇的に変えなければいけないと強く感じていました。

移籍を模索していた中、ドイツ国内で興味を持ってくれたクラブがいくつかありました。そのままドイツに残る選択肢もあったのですが、トルコでの経験が脳裏をよぎりました。環境を変えたことが自分自身にとって刺激になり、パフォーマンスが向上したことを思い出しました。
そうしてドイツ以外の国も考え始めたとき、Ｊリーグの複数クラブからオファーが届いたのです。ドイツとトルコで７シーズンのキャリアを積み上げてきたこともあり、悩みました。判断基準は、欧州、Ｊリーグで「自分を一番欲しがってくれているチーム」であること。代理人を通じて話を聞いていった状況で、積極的に動いてくれたのが、柏レイソルでした。

レイソルというチーム名を聞いて、元レイソルの背番号10のＭＦ大野敏隆さんを思い出しました。前橋ジュニア出身の大野さんは８歳上の大先輩。僕が小学生時代にはレイソルでファンタスティックなプレーを見せていて、僕にとっては憧れの選手でした。小学校のときの文集にも、「将来は柏レイソルに入りたい」と書くくらい好きな選手だったのです。

レイソルは、サッカー専用のスタジアムを持つ伝統あるクラブで、サポーターの応援がＪリーグ屈指の熱さであることでも知られています。スタジアムの雰囲気と迫力がドイツに近く、気持ちが奮い立ちました。温かく迎えてくれたサポーターの応援が、本当にありがたかったです。

２０１７年シーズンのレイソルは開幕２戦目から４戦目までに３連敗する厳しいスタートになっていました。僕は５戦目の直前にチームに加わり、レイソルでの戦いが始まりました。

途中出場でゲームを整える役割でしたが、チームの雰囲気は悪くなく、順調なJリーグ復帰を果たすことができました。

このとき、僕自身が何か特別なことをしたわけではないのですが、チームは7節から破竹の8連勝をマークするなど、9勝1分、10戦負けなしで一気に優勝争いに加わっていきました。最終的にレイソルは4位でリーグ戦を終え、ACLプレーオフ出場権も獲得しました。

初めて「サッカーをやめたい」と思った日

そしてレイソルでの2シーズン目。2018年は、好調だった昨シーズンのイメージがチームに残っていたことに加えて、僕自身は開幕2戦の横浜F・マリノス、開幕3戦のセレッソ大阪戦で先発出場して、1勝1分けのスタートを切りました。

ただ、その後はなかなか出番が与えられずに、チーム自体も順位を落としていきました。結局、監督も変わり、不安定な状況が続きました。僕は秋以降、出場機会はなく、ベンチにも入れない時間を過ごすことになってしまったのです。

レイソルは2018年シーズンを17位で終えて、結果的にJ2降格となってしまいました。

このシーズンを振り返ると、僕自身はレイソルのチームスタイルにフィットできずに終わってしまった印象でした。チームが細かなパスワークからアグレッシブにゴールへ向かう中で、攻守のバランスを整えることが僕の役割だったと認識していましたが、若返りを図るチームにおいて、居場所を見つけることはなかなかできませんでした。

シーズン終盤はずっとメンバー外だったので、ピッチ上でチームの力になれなかったことが一番の心残りです。レイソルのサポーターの期待に応えられなかったことが悔しかったし、今でも悔いが残っています。


試合に絡めなくなったとき、ふとレイソルの練習場の芝生に寝転がって空を見ていました。青空をゆっくりと流れる雲を眺めていたら、気持ちが楽になったのと同時に、初めてこんな思いが湧いてきたのです。

「サッカーをやめたい」

「引退したい」

それまでのサッカー人生も苦難の連続でしたが、サッカーをやめたいと考えたことは一度もありませんでした。試合に出られないことは受け止められるのですが、自分の中でサッカー選手として第一線のモチベーションを保つことが難しくなってきていたのです。

自分のサッカーが好きな気持ちは一緒でも、特に2018年シーズン終盤はまったく試合に絡めず、出場機会がない。自分にとってこれほど厳しく、つらいシーズンはなかったかもしれません。

期待されてチームに迎えてもらいながらも、力になれていない。ふがいなさと、自分の気持ちを整理することができずに、やるせない心境でした。

ドイツ、トルコでプレーしてきたこれまでのキャリアと、今ここで自分が置かれた立場とのギャップに苦しんでいたのかもしれません。こんなにつらいのであれば、いっそサッカーから離れたいと考えたのです。

そんな中、試合に出られなくても温かい声援を送ってくれた〝黄色いサポーター〟の存在が、僕にとっては心の支えでした。スタジアムはもちろん、サッカーの街・柏の街全体の雰囲気も大好きでした。

レイソルでの2年間はすべてがうまくいったわけではありません。むしろ、うまくいかなかった時間が多かった。でも、自分を見つめ直すことも含めて、貴重な時間をすごさせていただいた気持ちでいます。ドイツ帰りの僕を迎えてくれたレイソルのサポーターの皆さんに、感謝を伝えたいと思います。

すい臓の大手術から2カ月でタイへ

レイソルを離れて次の舞台となったのは、東南アジアのタイでした。僕にとってはレッズ、アウクスブルク、レバークーゼン、ヘルタベルリン、ブルサスポル、シュトゥットガルト、レイソルに次ぐ8つめのクラブです。

レイソルでくすぶっていた僕に対して、いくつかのJクラブが関心を持ってくれて、実際に監督と直接話をし、食事に行ったこともありました。また他国のクラブからの打診もありました。そうした中で、タイのブリーラムユナイテッドから本格的なオファーが届きました。海外クラブからの正式なオファーはブリーラムユナイテッドが最初でした。

僕自身、東南アジアからのオファーに驚いたのと同時に、成長著《いちじる》しいと聞いていた東南アジアのサッカーに強く興味を持ちました。また日本でも欧州でもない、自分にとって未知なる場所でサッカーをしたい、という気持ちが湧き上がってきたのです。

ブリーラムユナイテッドは、タイ屈指の実業家ネーウィン・チットチョープ氏がオーナーを務めるクラブで、豊富な資金力をもとにクラブ強化を図ってきました。当時の監督は、モンテネグロ人のボジダル・バンドヴィッチ氏が務めていて、欧州スタイルを志向していることも僕に合っているのではないかと思いました。

またブリーラムユナイテッドは、２０１９年シーズンのＡＦＣチャンピオンズリーグ（ＡＣＬ）の出場権も持っていて、グループリーグでは浦和レッズとの対戦も予定されていました。

すでに記した通り、レイソルでの２０１８年シーズンを終えた直後にすい臓腫瘍が判明して、タイに渡るのが2カ月も遅れてしまいました。タイに渡る準備をしていた中で胃もたれのような不快感をずっと感じていて、念のために検査をしてもらったことによって早期発見につながりました。結果的に手術を経てからの合流となりましたが、ブリーラムユナイテッド側は僕の健康を気遣ってくれて復帰を待っていてくれました。

すい臓の手術をしたのでＡＣＬのエントリーも間に合わず、大事な大会なのに戦力になることはできませんでした。ブリーラムユナイテッド側から契約を解除されてもおかしくはなかったのですが、彼らは僕に特別な配慮をしてくれました。それが励みになり、苦しいリハビリを乗り越えることができたのです。

２０１８年末にすい臓腫瘍の手術を受けて翌年1月中旬に退院、短期のリハビリを経て、２０１９年1月末にはタイへ飛ぶスケジュールとなりました。手術の傷も癒《い》えない中での渡航には不安もありましたが、サッカー選手としての役割を果たしたいという思いが僕を支えてくれました。

現地到着後は試合出場へ向けての実戦的なリハビリに取り掛かった一方で、ビザ取得のための手続きを進めていきました。

ブリーラムユナイテッドで課されたタスク

ブリーラムユナイテッドでの初出場は3月10日のリーグ3節でした。後半33分から出場し、チームは2対0で勝利しました。

すい臓腫瘍手術から約2カ月半での実戦復帰。この時間が長いか短いかはわかりませんが、日本からタイへと環境が変わった中で、僕なりのベストを尽くしたのは確かです。

もしJリーグであれば、このあとは何試合かの途中交代を経て先発復帰という流れになっていたかもしれませんが、ブリーラムユナイテッドでは翌週のリーグ4節で先発のチャンスがめぐってきました。

優勝を争うライバルクラブのバンコクユナイテッドとの対戦だったのですが、オーナーや監督から「(来週の試合は)行けるか?」と聞かれて、「もちろん、大丈夫です」と答えました。

そこで「無理です」と答えていたら、次にいつチャンスがまわってくるかわかりません。無理を承知で先発出場を了承しました。

このとき、不安がなかったと言えば嘘になります。前年のレイソルで最後に先発したのが7月で、それから8カ月の時間が経過していることに加えて、すい臓腫瘍の手術によってプレーヤーとしては2カ月間のブランクがある状況です。

しかもこの時期、タイの気温は35度を超える猛暑。体重もまったく戻っていない状況で、コンディション、環境ともに、日本でプレーする以上に過酷な状況でしたが、先発が決まった以上、やるしかありません。

負けられないゲームにおいて、僕はボランチのポジションで後半39分までプレーし、Jリーグでも活躍したペドロ・ジュニオールのゴールで、チームは1対0で勝利しました。

監督やコーチ陣は時間の経過ごとに、「大丈夫か?」「まだプレーできるか?」とずっと声をかけてくれました。胸でトラップするときは腹筋の手術痕にビリビリという痛みが走りましたが、ゲーム終盤に交代するまで自分のタスクを果たすことができました。

さかのぼれば、タイという新天地で戦うことを決めて、いざタイへというときに病気が判明しました。僕は当然、外国人枠のプレーヤーで助っ人の役割を担っていましたから、チーム、そしてチームメイトにも迷惑をかけることになってしまいました。

でも、遅れて合流してきた僕をクラブは快く迎え入れてくれて、ようやくチームメイトと共に試合ができた。しかも、バンコクユナイテッドという優勝を争うチームに勝ったことは大きな自信にもなりました。

またブリーラムユナイテッドのために戦う準備をしていきたいと強く思いました。

プライベートジェット、プール、充実した環境

ブリーラムユナイテッドで驚いたことは、オーナーのネーウィン・チットチョープ氏が整えた素晴らしい環境です。ブリーラムは首都バンコクから約400キロの位置にあり、車で約6〜7時間の場所にある地方都市です。ブリーラムユナイテッドのオーナーがサッカースタジアムやサーキット、空港などを整備していて、周囲には高級ホテルも建っています。

首都バンコクの喧騒とは違って、ゆったりとした時間が流れていて、落ち着いて暮らせる街です。

資産家であるオーナーは、プライベートジェットを持っていて、アウェイの試合にはそれに乗って駆けつけることもあります。チェンライユナイテッド戦など、遠い場所での試合で勝ったあとは、スタメン選手はプライベートジェットに同乗し、ブリーラムまで帰ってきたことも

ありました。僕らは機内の豪華なソファーでくつろぎながら、まったくストレスなく1時間ほどでブリーラムに着いたのを覚えています。僕自身、プライベートジェットは初めてで、日本の常識を超えた世界があると実感しました。

また、タイのマンションには、プライベートプールが備わっているケースが多く、娘はプールで遊んで、僕は水中ウォーキングなどをしてコンディションをキープしていきました。マンションの部屋にプールが付いている場所に住んでいたので、試合から帰ってきたあとに、そのままプールで体をほぐしてリバカリーをしていました。

すい臓腫瘍の手術、渡タイ、プレー復帰、コロナ禍など多くのことがありましたが、タイでは良い思い出しかありません。

ロックダウンでの家族との時間

2020年シーズンは、ブリーラムユナイテッドからの期限付きで、バンコクユナイテッドへ移籍することになりました。タイで1年間プレーしたこともあり、環境にも慣れていたことから、2年目は最高のスタートを切ることができました。

チームは開幕から快進撃を見せて4連勝。僕はタイでの初ゴールを決めるなどイメージ通り

バンコクユナイテッドにて、タイ初ゴール、月間 MVP にも選出された。

のプレーができてきました。マン・オブ・ザ・マッチやタイリーグの公式月間ＭＶＰに選出されるなど、自分の評価を高めることもできました。

ただ、２年目を迎えた矢先に新型コロナウイルスのパンデミックが発生して、タイは主要都市がロックダウン（都市封鎖）となりました。夜10時から朝５時までは外出禁止になったり、レストランや百貨店は営業停止。僕は妻と娘とともにマンションで一日中過ごす生活でした。

リーグ再開は、その年の夏を過ぎた時期で、タイ・プレミアリーグは中断されていた期間を経て、「春秋制」から「秋春制」へ移行しました。Ｊリーグも２０２６年から「秋春制」になるようですが、タイの意思決定の速さには驚きました。

僕はバンコクユナイテッドで変則的な1年半のシーズンをプレーして、2021年5月のシーズン終了と同時に契約終了となりました。

2016年のシュトゥットガルト、2017〜2018年のレイソルでは試合出場の機会が限られていた中で、タイの2シーズンは常に主力としてプレーすることができました。すべてがうまくいったわけではないのですが、自分のことを戦力として認めてくれてピッチに立たせてくれた。「微笑みの国」と言われるタイは、「細貝萌」というプロサッカー選手に温かなまなざしと、再びのスポットライトを当ててくれました。

蒸し暑さと熱気あふれるスタジアムは、僕のサッカーキャリアに新しい光景を植え付けてくれました。ブリーラムユナイテッド、バンコクユナイテッドの両クラブは、サッカー選手としての惑いを抱えていた僕に、サッカーのおもしろさをあらためて教えてくれたと思っています。

地元凱旋、ザスパクサツ群馬へ

タイでの2年半を終えたあとは、バンコクでゆっくりとしながら心身ともにリラックスした時間を過ごしました。本来であれば、すぐに次のクラブを決めて準備をする時期ですが、自分には休息が必要だと感じました。

2018年12月にはブリーラムユナイテッドとの契約が合意しながらも、すい臓に腫瘍が見つかり年末に緊急手術を行い、すい臓の一部を摘出しました。その傷口も癒えぬまま、リハビリを開始して3月には実戦復帰。そこからは休むことなくリーグ戦へ向かいました。

2020年シーズンにはバンコクユナイテッドへ移籍して、順調なスタートを切ったものの、コロナ禍によってタイの主要都市はロックダウンとなり、混沌とした状況でサッカーと向き合うことになりました。体のケアをしながらの選手生活は、想像以上に自分自身に負荷をかけていたのだと思います。2021年シーズンは5月を待たず、3月上旬で終わったのです。

2021年3~6月は、まだコロナ禍が続いている状況でしたが、自宅マンション近くのデパートに買い物へ出掛けたり自主トレを重ねたりして、久しぶりに訪れた家族と一緒の時間を、ゆったりと味わうことができました。

バンコクユナイテッドとの契約が満了となったあと、僕のもとにはタイ国内を含めいくつかの海外クラブからオファーが届きました。

声をかけてくれるのは本当にありがたかったのですが、代理人の大野祐介さんと話している中で、まずは僕の出身地である群馬県のJクラブ・ザスパクサツ群馬（現・ザスパ群馬）にコンタクトを取ってほしいと伝えました。

タイでの2年半を終えたときの僕の年齢は35歳。サッカーの移籍はタイミングが重要なので、地元クラブでプレーすることを考えたときに、この機会を逃したらもう次のチャンスはめぐってこないかもしれないのです。

ザスパ群馬は、草津温泉が発祥地です。県リーグからJリーグを目指したチームで、関東リーグ、JFL（日本フットボールリーグ）へ最短で昇格して、僕が浦和レッズに加入した2005年にJ2へ昇格しました。

Jリーグでザスパと対戦することはなかったのですが、僕自身、地元クラブとして常に関心を持っていました。ザスパは2017年にJ3へ降格しましたが、2019年シーズンにJ3の2位となり、J2へ復帰していました。

大野さんはザスパとコンタクトを取って、僕の状況を説明してくれました。ザスパはそのとき、リーグ戦で降格圏に位置していました。予算の問題で最初は無理と言われましたが、こちらがお金の問題ではないと伝えると、すぐに受け入れの準備を進めてくれました。

Jリーグの移籍登録期間は8月中旬まででしたが、僕の場合はすでにバンコクユナイテッドとの契約が切れていてフリートランスファー（無所属）の状況だったので、移籍ウインドー期間に結論を出す必要はありませんでした。

ただ、僕の心は地元・群馬のクラブに行きたいと決まっていました。35歳という年齢を迎えて、自分や家族の将来を考えるのと同時に、今の自分に何ができるのかを考えたとき、地元クラブのザスパでプレーしたいと思いました。


クラブからはすぐにでも来てほしいというオファーをもらっていましたが、心身共に万全な状態での合流を目指していたので、「今はまだ決められない」と伝えて、決断を少し待ってもらいました。

地元でプレーするからには、この先も長く選手としてプレーしたいと思いましたし、だからこそ一度すべてをリセットして心身の回復に努めたいという思いもありました。決断に時間をかけたのは心身のコンディションの問題で、金銭面の交渉などは一切しませんでした。

決断したからには、この決断が間違っていないことを証明しなければいけないし、その間に気持ちをリセットできたことで、その自信も蘇ってきました。そして2021年9月下旬、ザスパに加入の意思を伝えました。加入のプレスリリースには、当時の僕の思いをこう記してもらいました。


〈2005年に前橋育英高校を卒業してから日本だけではなくドイツ、トルコ、タイと多く

第6章

ホームタウン

初めてサッカーが好きになった場所へ

の地でさまざまな経験をさせていただきました。多くの出会いの中で選手としても一人の人間としても大きく成長できたと思っています。まだまだ選手として旅を続けていたいという気持ちもありましたが、前々からいつかは自分が生まれ育ち、自分を成長させてくれた故郷のクラブであるザスパクサツ群馬で、群馬のためにプレーしたいと考えていたこともあり、この度いただいたオファーを受けることを決めました。

ザスパは自分がプロサッカー選手として歩み始めた2005年にJリーグに参入したクラブということもあって、故郷を離れてからもいつも気になる存在でした。

群馬出身の選手として自分が地元のクラブの歴史に加わることができるのを非常に光栄に思いますし、これまでにさまざまなクラブで自分を成長させてくれた出会いがあったように、特に若い選手たちに良い影響を感じてもらえるような存在になれるよう努力していきたいと思います。そして何より、クラブにとって良い存在でいたいと思っています。

自分もベテランと呼ばれる年齢にはなりましたが、まだまだ成長できると考えています。

一つでも多くのチームの勝利に貢献できるよう、一人でも多くの地元の皆さんに正田醤油スタジアム群馬に足を運んでいただけるよう、地元出身の選手としてベストを尽くしていきたいと思います。

そのためにも、まずは数カ月サッカーから離れたコンディションをベストの状態まで持っていくため全力を尽くしていきたいと思います。どうぞ応援よろしくお願いします〉

磐田、新潟戦を制しJ2残留へ

ザスパでの背番号は、レッズ時代の2年目からつけていた「3」を二つ重ねた「33」にしました。僕が加入したシーズン終盤は、チームは残留争いの真っ只中で、個人的なことよりもチームの勝利が最優先で、チームのピースの一つとして役割を果たしたいと考えました。

チームには加わったものの、バンコクユナイテッドで最後に試合に出たのは3月上旬。実質的にゲームからは6カ月以上離れている状況でした。僕は自分自身のコンディションを上げるため努力したのですが、体力や感覚を戻すには時間的にも非常に難しいシチュエーションでした。

でも、チームがオフの日には、ストップウォッチを片手にグラウンドを黙々と走るなどして、徹底して体力を戻すことに努めました。そして加入から約1カ月、シーズン残り6試合となった37節のV・ファーレン長崎戦で途中出場してザスパデビューすると、J2残留をかけた残り3試合では先発として出場することができたのです。

残り3試合の相手はアルビレックス新潟、ジュビロ磐田、大宮アルディージャでした。周囲からは新潟、磐田戦は格上なので、非常に難しいゲームになるという声が聞こえてきましたが、

第6章

ホームタウン

初めてサッカーが好きになった場所へ

僕はそうは思っていませんでした。

レッズ時代には磐田、新潟とも対戦経験があります。もちろん、自分たちが劣っているとも思っていませんし、格上のイメージもありませんでした。サッカーは心理的な要素も大きく影響してくるので、チーム全体が弱気になってしまうと力を発揮することができなくなります。僕はチームメイトに「絶対に大丈夫だから」と何度も伝えてゲームに向かいました。

ザスパでの初先発となった新潟戦は、個人的には8カ月ぶりくらいの90分フル出場のゲームになりました。もちろん、90分という時間は考えずに最初から行けるところまで飛ばしていこうと考えていました。

ゲーム自体はボールを圧倒的に支配され、簡単なものではありませんでしたが、残留争いのヒリヒリとしたシチュエーションが、僕を奮い立たせてくれました。これまで多くのクラブで重要なゲームを経験してきましたが、地元クラブを背負ってプレーするのはやはり特別なことでした。

続く磐田戦も、相手にボールを持たれる展開でしたが、決して守っているだけではなく、キヨさん（久藤清一監督・当時）のもと、しっかりとした戦術通りのゲーム運びができたと思います。

ゴールは決まらなかったですが、内容的にも劣っていなかったと思います。勝点1で良かったということはありませんが、残留争いの佳境なので、積み上げというよりも、結果にこだわって、ここを乗り切っていかなければいけないと思いました。結果的には、磐田、新潟戦の2試合で勝点2を奪ったことが、J2残留につながったと思います。

残留争いはチームが一つになることが大切で、その中でファン・サポーターの力が必要なのです。ただ、最終的に残留争いに甘んじてしまったのは、年間を通じて何かが足りなかったから。そういう状況になってしまったことは、僕のようなベテランが一番自覚しなければいけないと感じました。難しい状況だからこそ人としての力が必要なのです。

2021年シーズン、僕は残り6試合の出場で先発したのは最後の3試合にとどまりました。この出場機会の中で、僕に何ができたかはわかりませんが、残留を決めた41節のホーム最終・磐田戦後に響いたサポーターの皆さんの応援は、僕の心にダイレクトに届き、あの応援を聞いて、地元に戻ってきて良かったと強く感じました。

全治6カ月の怪我で戦線を離脱

ザスパでの2シーズン目は、キャプテンとしての戦い。

第6章

ホームタウン

初めてサッカーが好きになった場所へ

ザスパ群馬で求められる「ベテラン選手」としての役割を常に考えている。

年齢的な部分を含めて、チームを牽引したり、まとめたりする役割は果たさなければいけないと強く感じていました。キャプテンという肩書きではなかったとしても、その役割は遂行しなければいけないと思っていましたし、それは特別なことではありませんでした。

キャンプからしっかりと準備できたこともあり、コンディションは過去数年間で一番良かったと思います。開幕2戦まで1勝1分と好スタートを切った中で、3節の仙台戦で僕はアクシデントに見舞われてしまいました。

左サイドのカバーでスライディングをしたのですが、左足首が芝にひっかかり、左足首脱臼骨折で全治6カ月の診断を受けてしまったのです。2022年シーズンは、個人としても良い感じでプレーできていたのですが、それが災いして長期の戦線離脱となってしまいました。

気丈に振る舞ってはいましたが、全治6カ月の診断を受けたときは、涙がこぼれました。それくらい悔しかったのです。診断を受け、チームメイトには何も言わず翌日に入院し手術。入院中に仲間から届いたビデオメッセージは、本当にうれしかったです。

僕が抜けてしまったことが理由ではないのですが、このシーズンは低迷して、17節から27節までの11試合は1分10敗。再び残留争いに巻き込まれてしまいました。

チームとしては「勝点50、16位以内」を掲げていた中で、シーズン中に勝点が届かずに目標を下方修正せざるを得なかったことは、キャプテンとして大きな責任を感じました。

僕自身は、メディカルスタッフ、トレーナーなどのサポートのおかげで当初の予定より早く、無理をしながらも約4カ月で復帰することはできましたが、20位という最終順位は決して納得できるものではありません。

チームや選手の価値は、苦しいときにどれだけ踏ん張れるかだと思います。シーズン終盤に「残留」を目標としていた中で、中盤でプレーするべきベテランの自分がもっと何かできていたら、前線の選手たちが輝けたかもしれない。その点については自分の力不足を重く受け止めました。

Ｊ２残留はチームとして最低限の結果であり、もしＪ３に降格してしまったら、地域にとっても大きな損失になります。何ができて、何ができなかったのか、それらをあらためて整理して、チーム内で共有することで来季へとつなげていかなければならないと痛感しました。

ザスパでの２シーズン目を終えて、個人的には、群馬県内のたくさんのかたが「細貝萌」というサッカー選手を応援してくれて、サッカー場以外でもレストランやショッピングモールなどいろいろなところで声をかけていただけることは、とてもうれしいことです。

高校卒業から群馬県を離れ、レッズを経由してドイツへ渡ったため、群馬県でプレーする機会はほとんどなかったですし、群馬のかたがたが僕のことを知っていてくれるかは半信半疑でした。

でも実際は僕の予想以上に、多くの人が「細貝萌」を知っていてくれて、温かな声をかけてくれたのです。それが何よりもうれしいことでした。応援してくれている人のために、サポーターはもちろん、それ以外の人にも、「ザスパは変わった」ということを示したいと強く思っています。

ベテラン選手がピッチ外でもできること

2023年シーズンは、ザスパに変化の兆しが見えました。僕は前年に引き続き、キャプテンという立場でチームを引っ張っていく役割を担いました。

チームの目標としていた「勝点50、16位以内」という数字をクリアできたことに関しては、すごく良かったと思います。過去にはその数字を達成することができなかったので、「勝点57、11位」という結果は、現在のチームにとって大きな到達点だと思います。だけど、J2で11位は満足して良い結果ではないのもまた事実。

このシーズンは選手たちに一体感もありましたし、ロッカールームの雰囲気もとても良かった。ただ、シーズン終盤に勝ちきれず、プレーオフ圏内に届かなかったこと、プレーオフ争いの3戦を3連敗で終わってしまったことは非常に残念なことでもありました。

個人的にはシーズン序盤の5試合は先発出場しましたが、それ以降はほとんど試合に絡めませんでした。キャプテンとしてチームをまとめていく中で当然、ピッチに立ちたかったという思いもありました。スタジアムに足を運んでくれた皆さんに、プレーする姿を見せられなかったことがとても残念でした。

第6章
ホームタウン
初めてサッカーが好きになった場所へ

正直、2023年シーズンは、今までのサッカー人生で、自分と向き合う時間が一番長かったと感じています。37歳という年齢になりましたが、どんな状況でも自分の価値を証明しなければいけないと感じています。自分自身がサッカーを楽しむことができれば、おのずとチャンスはめぐってくるとも考えていました。

僕自身、試合に絡めない中でもチームのイベントなどに積極的に参加して、試合前のサイン会にも顔を出したりして、サポーターに向けた活動を前面に立って行ってきたつもりです。群馬県出身の選手として、故郷のチームに貢献したい、その思いがすべてでした。

2023年はピッチ上では活躍することができなかったですが、オフ・ザ・ピッチでのファンサービスなどの役割は、絶対に怠《おこた》らないと自分の中で決めて対応してきました。

試合に出られないことは一番つらいのですが、たとえコンディションが良くてもそれは自分で決めることができません。試合に絡めないのであれば、クラブのために他の役割を探すことも、ベテランである自分の役割だと考えています。

ピッチ上で活躍したいと思うのはもちろんですが、ピッチ外でもクラブの発展に貢献できるように、できる限りの行動を今後もしていきたいと思います。

2023年シーズンの出場試合は7試合で、出場時間はトータル334分でしたが、僕自身は毎日やるべきことをやってきたので後悔はないですし、恥じることもありません。自分自身の成長、そしてクラブの発展のために費やした時間に無駄はなかった、と確信しています。

年齢を言い訳にすることはできない

2024年シーズン、僕はプロ20年目を迎えました。小学校に入学する前から兄たちの真似をする形でボールを蹴り始めて、サッカーが大好きになったことで、もっとうまくなりたい、もっとゴールを決めたいと思いました。家の横にある路地で、暗くなるまで夢中になってボールを蹴った日々が思い出されます。子どものころは、純粋にボールを蹴っているだけで楽しかったし、サッカーのつらさとか厳しさとかは感じませんでした。

小学校、中学校、高校と素晴らしい指導者に恵まれたことで、ナショナルトレセンや世代別代表など多くの世界を経験させてもらいました。そして2005年にレッズに入ることができて、小さいころからの夢だったプロサッカー選手になることができました。アマチュア時代には契約もないですし、期間の満了もありません。自分が好きなだけボールを蹴ることができます。

それがプロになると、年俸の対価として結果が求められていきます。キャリアを積み上げていくたびに、責任の重みは増していきました。

プロの世界に飛び込んでから20年目を迎えた今、「サッカーを楽しむ」ことの尊さをあらためて感じています。

試合に出る、出ないは客観的な評価になるのでしょうけれど、サッカーを楽しむことは自分しだいでどうにでもなる。その状況で、自分自身に矢印を向けて、大好きなサッカーと向き合えているかがすべてだと思います。

２０２４年の誕生日で僕は38歳になりますが、サッカー選手に限らず、人は年齢に抗《あらが》うことはできません。それを理解したうえでサッカーと向き合えば、新たな発見や出会いが多くあるのではないかと感じます。

年齢を重ねれば重ねるほど、うまくいかなくなることも多くなっていくと思いますが、そこから目を背けず、年齢を言い訳にせずに、一日一日に向かっていきたいと思います。

ここまでサッカー選手でいられていることに感謝し、日々を過ごしていきたいと思います。

「サッカーが好き」であり続けること

サッカー選手でいることの意味は何か――それを突き詰めていくと、答えはやっぱりサッカーを楽しめるかどうかにあると思います。

子どものころのように無邪気にボールを追って、「また明日もみんなと一緒にサッカーがやりたい」と思えることが基本であり、大切なことなのでしょう。

試合に出られるか、出られないかは、選手として気にしなければならない部分ですが、最終的には自分がいかにサッカーを楽しむか、これに尽きると思います。今まで以上にサッカーを楽しむということが、自分の仕事で、今一番必要なことと考えています。

20年目はサッカー選手として節目のシーズンですが、あらためて「サッカーを楽しむ」という原点に立ち戻って、日々、フィールドに立っています。

前橋育英からレッズへ加入したときは、周囲のレベルの高さに圧倒されて、不安にさいなまれました。その中で「試合に出たい」「日本代表に選ばれたい」「海外へ移籍したい」という目標を掲げて努力してきました。20年を日数に換算すれば、7300日。僕は、一日一日のすべてをサッカーに捧げ、サッカーとともに、この時間を生きてきました。

第6章

ホームタウン

初めてサッカーが好きになった場所へ

プロに入ったときとは置かれている状況こそ異なりますが、「サッカーが好き」という気持ちに違いはありません。

「サッカーが好き」だったからこそ、日本、ドイツ、トルコ、タイの4カ国計10クラブでプレーできたのだと思います。そして、その根幹の気持ちがあったから、すい臓腫瘍摘出手術など、多くの困難を乗り越えることができたのです。

2005年の高卒プロ同期入団で今も現役でプレーしているのは数人です。レッズ同期で親友の赤星は、2023年末でスパイクを置きました。

プロの世界で20年間プレーできる選手は限られます。しかも、38歳という年齢になると、やはり「引退」という二文字を避けては通れなくなってきます。いずれ僕にも現役引退が訪れるときには、そのときは周囲に決めてもらうのではなく、しっかりと自分で決断するつもりです。

2024年、チームには新しい選手が加入してきましたが、根本にある「サッカーが好き」という気持ちは、今でも誰にも負けないつもりです。だから20年プレーできているのです。

2023年は7試合のみの出場となり、僕自身は悔しい思いを抱えながらトレーニングに励みました。試合出場だけを考えれば、コンタクトを取ってくれた他のクラブでプレーする選択肢もあったと思いますが、地元群馬へ帰ってきた意味や喜びを考えながら、20年目のシーズン、そして、プロ20年目の自分自身と、これからも向き合っていきたいと思います。

ザスパは2024年1月8日、新シーズンの初練習を開始した。赤城山から冷気をまとった強風「赤城おろし」が吹き付ける中、細貝はピッチの感触、そして自身のコンディションを確かめながらボールを蹴った。

チームは2023年11月12日にリーグ最終戦を戦い、翌13日に最終練習を実施した。キャプテンとして取材陣の前に姿を現した細貝は、凜とした佇《たたず》まいで、メディアからの質問に答えた。細貝の表情が一変したのは、「地元群馬でプレーすることの意味、そしてクラブ発展のために尽力する意味」を問われたときだった。細貝はしばし黙り込むと、涙腺を緩ませながらこう話した。

「2023年シーズンは、ピッチ上ではなかなかチームに貢献することができませんでしたが、多くのファンが自分を支えてくれました。ファンの応援に対して、地元群馬出身である自分は、どんなときでも全力を尽くさなければいけないと思いました。ピッチ内はもちろん、クラブ発展のために僕にできることがあれば、喜んで活動していきたい。それが、僕を育ててくれた群馬への恩返しだと考えています」

2023年12月中旬には、若手選手を引き連れて6泊7日の自主トレーニングを実施して

第6章

ホームタウン

初めてサッカーが好きになった場所へ

プロ20年目のシーズンへの準備を進めた。今までと変わらず自分自身への〝投資〟を惜しまず、流れ行く時間の中で、自身と向き合い、成長の種を探し続けている。

細貝は「サッカーが僕にすべてを与えてくれた」と語る。サッカーが細貝に多くの学びを与え、多くのギフトをもたらしてくれた。細貝によると、それは目に見えるものより、目に見えないもののほうが多いという。

細貝のサッカー人生は「海外組」と称されたような欧州を中心とする華やかな海外リーグでの活躍がクローズアップされるが、そこには多くの壁が彼を待ち受けていた。海外で涙を流したことは数知れない。すい臓腫瘍は無事に摘出できて、選手としても復活を遂げている。ただ、それ以後も定期的に検査を受けながらピッチに立っている。

サッカーというパスポートを手に飛びまわってきた20年。だが、細貝の冒険はまだ終わっていない。彼がサッカーを楽しみ、サッカーを好きでいる限り、たとえスパイクを置く日が来たとしても、サッカーと共に歩む旅路は続いていくのかもしれない——。

茂木洋晃氏

G-FREAK FACTORY

己と闘い、勝ち続けている。彼の経験すべてが群馬の「財産」。

「G-FREAK FACTORY」は、群馬県を拠点に置くロックバンドだ。ヴォーカルのオレは群馬県生まれ、群馬県育ち。高校を卒業してアメリカに4年間行って、向こうでローカリズム（地方主義）の影響を強烈に受けたんだ。日本に帰ってきたときにバンドブームが起きていて、みんなが東京へ出ていったんだけど、「オレらは群馬で生きていく」って決めたんだ。

音楽業界の発信地は東京なので、売れるにはそれが一番近道だとは知っていた。そんな中、群馬で音楽活動をしていくのはもちろん大変だったけど、一度決めた道は譲れなかった。

オレらが下積みだったころに、群馬県出身のサッカー選手・ホソガイが、浦和レッズでプレーして、日本代表になり、ドイツへ旅立ったんだ。サッカーが上手くて、イケメンで、すべてが揃っていたスター選手だった。

オレはホソガイより10歳くらい歳上だけど、彼が20代のころに出会っていたら、嫉妬して仲良くなれなかったと思うよ（笑）。ホソガイはそれくらい輝いていたし、地元群馬のスターだった。

名門レバークーゼンをはじめ欧州クラブで7シーズンプレーしたと聞いているけど、海外での生活は日々の小さなストレスもあるし、簡単ではないよ。その中で闘ってきたんだから、純粋にリスペクトしている。

オレがホソガイに会ったのは、彼が群馬（ザスパ群馬）に戻ってきてから。それまでは絶対に出会うことのないスーパースターだったけど、コーヒーショップ「Choose Your Coffee」の吉田尚文氏の紹介で食事をする機会があった。

オレ自身、どんなヤツか興味があったけど、〝一目惚れ〟だったね（笑）。誠実で、謙虚で、ピュアで、ワールドクラスの選手だったのに、高飛車なところがまったくなくて……。ホソガイがみんなから愛されている理由がわかった。

ホソガイは今年でプロとしてのサッカー人生が20年目になると聞いた。オレらは音楽業界で27年やってきてるけど、サッカーのようにスタメン争いや勝ち負けの世界ではない。結果が要求される状況で20年闘い続けるのはタフじゃないとできない。

怠《なま》ければ一瞬にして終わってしまうと思うけど、ホソガイは己と闘い、勝ち続けている気がする。途中には、すい臓手術をしたと聞いたけど、彼のすべての経験が群馬にとっての「財産」だと思うよ。

ホソガイは地元チームでプレーすることを選択したけど、地元で失敗したら逃げ隠れできない。よその地域だったら引っ越せばいいだけだけど、地元からは逃げられない。ある意味、一番厳しい選択かもしれないね。

オレたちは毎年、「山人音楽祭」というロックフェスを開催している。成功するわけがないと言う奴らもいたけど、群馬でも熱いフェスができることを示せていると思う。

コロナ禍にもやってきたことが、今になって形になってきている。ピンチはチャンスという言葉があるけど、本当にその通りだと思う。

チャンスがあれば、ホソガイにも一度、オレたちのステージの上に立ってもらいたい。群馬を盛り上げるためにできることはまだまだある。

ホソガイと一緒にデカいことをやってみたいと思うよ。

長友佑都氏

FC東京DF

最後の最後までボールに喰らいつく。そんな姿勢こそ、萌の良さ！

細貝萌と長友佑都は共に1986年生まれだ。長友佑都は福岡県の東福岡高校卒業後に明治大学へ入学した。細貝と出会ったのは19歳のころ。プロ1年目の細貝に対して、長友は大学生だった。

長友は大学3年時にFC東京の特別指定選手となり、U－22日本代表に選出されて細貝とともに北京五輪へ出場した。そして大学4年在学中にFC東京へ加入。その後、日本代表に選ばれると2010年のW杯南アフリカ大会後にイタリアへ渡り、インテル・ミラノの主軸として長きにわたってプレーした。

日本代表、海外で同じ時間を共有した長友に聞いた。

＊

萌はピッチ上ではハードワーカー。球際や対人の強さがあり、気持ちも強く、プレーで周囲を引っ張る選手、熱さを持った選手です。すごく明るくて話好き。仲間想いで、一緒にいて楽しい人間性があり、人として好きな存在です。

僕の高校時代の同期である近藤徹志（東福岡高校で長友の同級生）が当時浦和レッズにいて、レッズの仲間として、萌や赤星（貴文）と食事に行く機会がありました。当時、僕はまだ大学生だったので、一緒に食事をする中で、プロの華やかさやすごさを感じさせられました。

Photo by Atsushi Tokumaru

強い刺激を受けたおかげで、「自分も絶対にプロのステージに行く」という気持ちがますます強くなったものです。

北京五輪、日本代表でも一緒にプレーしましたが、2011年のアジアカップ準決勝・韓国戦で、圭佑（本田圭佑）が蹴ったPKのこぼれ球に反応した。萌が押し込んで決めたゴールが、特に印象的なシーンとして自分の中に残っています。

最後まで諦めない姿勢、最後の最後までボールに喰らいつく姿勢、勝負へのこだわりといった萌の良さが詰ったゴールだと思いました。

僕がセリアAで、萌はブンデスでしたが、欧州5大リーグで闘うことの難しさを自分自身感じていました。所属チームは違っても、その中で一緒に戦っている日本代表メンバーである萌の活躍や闘う姿に、勇気と刺激をもらっていました。

欧州での厳しさを実感しているからこそ、お互いにリスペクトの気持ちを持って、支え合って来られたのだと思います。

今は僕がFC東京に戻って、萌は地元の群馬でプレーしていますが、多くの経験をしてきた選手として、チームのメンバーにその経験を多く還元してほしい。チームメンバーのみならず、サッカー選手を夢見る少年少女にも自身の経験を伝えてほしいと思います。そして、日本サッカーの発展に一緒に貢献していきたいと思っています。

萌は2024年でプロ20年目と聞いていますが、身体の状態とメンタル（サッカーへの情熱）が続く限り、ピッチで闘う姿を見せてほしいです。

これからも同世代としてお互い刺激し合っていけたらうれしいです。

本田圭佑氏

NowDo株式会社代表取締役ほか

サッカーと私生活で性格が変わる。あの優しい姿はどこに行った？って。

2011年のアジアカップ準決勝・日本対韓国戦。互いのプライドをかけた激闘は90分で決着せずに、延長戦へ突入した。延長前半7分、MF本田圭佑のPKがGKに弾かれたところを、後方から猛然と走り込んだ細貝萌がつめて、値千金のゴールを決めた。

最終的にPK戦で勝利した日本は、決勝でも勝利してアジアの頂点に立った。

細貝と本田はともに1986年生まれで、互いに高校卒業後にプロ入りした同期でもある。U－17日本代表からの付き合いで、ライバルであり戦友でもあった。

石川県・星稜高校サッカー部でプレーしていた本田は、今回のインタビューで高校時代の細貝に対して持っていた思いも明らかにしてくれた。

その後、日本サッカーを強烈に牽引していった本田は、オランダ、ロシアを経由して2013年にセリエAのACミランへ移籍し、背番号10をつけるに至る。

その勇姿を見た細貝も、「欧州、日本代表での試合数を見ても実績が違いすぎる。圭佑の活躍を見て正直、挫折感を味わいました」と吐露するほどだ。二人が欧州で対戦することはなかったが、本田は「萌はエースキラー。エースキラーの能力は真骨頂」と評している。

現在、サッカー界をはじめ、ビジネス界など多方面で存在感を発揮する本田が細貝にメッセージを送る。

＊

萌のことを一言で表現するとすれば、選手としてはエースキラー。そして、人としては誰とでも仲良くやれる、優しく仲間想いなヤツです。

２０１１年のアジアカップ・韓国戦では、僕が外したＰＫを誰よりも速くつめて決めてくれた。あのゴールは今でも鮮明に覚えているし、本当に助かりました。

世代別代表から北京五輪、日本代表でもずっと一緒でしたが、萌は私生活とサッカーでは性格が変わるんですよね。サッカーでは私生活での優しい姿はどこにいった？　って思うくらい。

でも、だからこそ、あれだけ長くドイツでプレーできたんだと思います。

あのエースキラーの能力は、萌の真骨頂です。本当にすごかった。個人的には、どうやってあれだけ性格が変われるのか聞いてみたいです。

萌とは同じ１９８６年生まれで、高校時代からよく知っていました。高校のときには萌のことを意識していましたね。僕より、目立っていたのが気に食わなかったんです（笑）。

今、萌はＪ２のザスパ群馬でプレーしていますが、同世代としてできるだけ長くプレーしてほしいです。そして、いつかまた一緒にプレーしたり、仕事ができたらいいなと思っています。

萌は２０２４年でプロ20年目を迎えているそうですが、僕からのアドバイスは何もないです。

芯の強い人間なので、これからもずっと萌のやりたいようにやってほしい――友人として心からそう願っています。

謝辞

前例のない出来事を伝えておきたい

プロサッカー選手である僕の体からは、本来あったはずのすい臓が一部摘出されています。これは一部メディアを除いて、これまで公表をしてきませんでした。

病気の発見と、その後の手術、リハビリを経ての復帰はすでに記した通りですが、プロのサッカー選手として、これまで幾多の困難を乗り越えてきたものの、内臓を静かに蝕んでいた病に対しては、いくら肉体を鍛えていようとも、まったくの無力だったのです。

手術までの間は生きた心地がせず、このまま僕がいなくなってしまったら、娘や妻はどう生きていくのか、娘は父親である僕の存在を覚えていてくれるのだろうか、娘の成長を妻と一緒に見届けられないかもしれない——という悲しみに襲われて、涙を流してばかりの日々でしたし、これでもうサッカーはできないと覚悟もしました。

早い段階での発見だったことから、切除手術を行って、すい臓の一部と脾臓を摘出しました。幸いにも命に別状はなかったのですが、手術は8時間以上にもおよび、目が覚めたときには激痛と激しい嘔吐に見舞われました。

謝辞

前例のない出来事を伝えておきたい

すい臓摘出を経験したプロサッカー選手の病例はほとんどないようで、復帰へのリハビリについても、膝などの怪我とは違って、前例のない中での模索が始まりました。腹腔鏡下手術で腹部にできた傷は、無理に動かせば、肉離れやヘルニアを併発する可能性があると言われました。手術から5年が経過しましたが、ヘディングや胸トラップで腹筋に力を入れると、今でも時折、傷口が痛みます。

前例のないこれらの経験を、後進のためにも残しておきたい、いつか伝えたい――と思ったことが、今回の書籍刊行のきっかけです。

ドイツ・ブンデスリーガでプレーしていたときにも、書籍の企画をいただいたことはありましたが、僕はサッカー選手として何も成し遂げていないと思っていたし、誇れる実績もなかった。だから、ずっとお断りしていました。

ただ、2024年は僕にとってのプロ20年目の節目でもありました。自分自身のサッカー人生を振り返るよい機会だという思いもあり、僕の多くの経験を記すことにしたのです。すい臓腫瘍手術、浦和レッズ時代、ドイツ・ブンデスリーガ時代、僕のライフスタイル、少年時代、そして今をまとめる形になりました。各時代を思い出してみてあらためて感じたのは、サッカーが僕にすべてを与えてくれたということです。今、交流がある人のすべてが、サッカーを介しての出会いです。

そして妻・明花との出会いも、サッカーがあったから。妻はそれまでタレントとして活動していましたが、２０１１年の結婚を機に自分の仕事を休業して、僕のサッカー生活をサポートしてくれています。そして、２０１６年には一人娘・花乃を授かりました。偶然にも誕生日は、僕と同じ6月10日なのです。

サッカーは一見華やかな世界ですが、20年を振り返ると、地道なトレーニングと苦難の連続で、何度涙を流したかわかりません。でも、家族、仲間が僕を支えてくれたから、ピッチに立ち続けることができている。

今後、いつまでプロ選手としてプレーできるかはわかりませんが、何事にも屈することなく、ありったけの情熱を、これまで同様にサッカーに注ぎ込みたいと思っています。

僕のサッカー人生を支えてくれる皆さん、本当にありがとうございます。これからもよろしくお願いいたします。

明花、花乃、そして父・辰弘、母・恵子、双子の兄である聡、拓、そして義理の両親、良い家族がいるからこそ、僕は頑張れます。ありがとう。

そして、海外への道を切り拓いてくれた代理人の大野祐介さん、マネジャーの樋口昌平さんに感謝の意を表します。

謝辞

前例のない出来事を伝えておきたい

サッカーを通じて多くのかたがたと出会えたことが僕の「財産」です。

「細貝萌」というサッカー選手を支え、励まし、応援してくれたすべての人に、この本を捧げます。

カバー写真	藤本和成
スタイリスト	若梅貴志
装幀	木村友彦
文中写真	共同通信イメージズ（P77、81、107、117）
	バンコクユナイテッド（P248）
	著者提供（上記及びインタビュー写真除く）
編集協力	㈱アスリートプラス
構成	徳間書店学芸編集部

細貝萌(ほそがい・はじめ)
1986年6月10日生まれ。群馬県前橋市出身。
前橋育英高校卒業後、浦和レッズに入団しプロデビューを果たす。その後は、アウクスブルク(ドイツ)→レバークーゼン(ドイツ)→ヘルタベルリン(ドイツ)→ブルサスポル(トルコ)→シュトゥットガルト(ドイツ)→柏レイソル(日本)→ブリーラムユナイテッド(タイ)→バンコクユナイテッド(タイ)と国内外のクラブで活躍。2021年より自身が生まれ育った群馬県のザスパ群馬でプレー。日本代表でも活躍し国際Aマッチ30試合出場、1得点。

◎オフィシャルサイト https://hajime-hosogai.net/
◎インスタグラム hajime_hosogai

この道を正解にしていく。

Jリーグ、海外移籍、闘病、帰郷――プロ20年の軌跡

第1刷　2024年3月31日

著者　細貝 萌
発行者　小宮英行
発行所　株式会社徳間書店
〒141-8202
東京都品川区上大崎3-1-1目黒セントラルスクエア
電話　(編集)03-5403-4350／(営業)049-293-5521
振替　00140-0-44392

印刷・製本　三晃印刷株式会社

ISBN978-4-19-865761-1